新时代大学生劳动教育研究

曹丽萍　著

北京工业大学出版社

图书在版编目（CIP）数据

新时代大学生劳动教育研究 / 曹丽萍著. — 北京 ：北京工业大学出版社，2021.4
ISBN 978-7-5639-7940-0

Ⅰ. ①新… Ⅱ. ①曹… Ⅲ. ①大学生－劳动教育－研究 Ⅳ. ① G40-015

中国版本图书馆 CIP 数据核字（2021）第 081833 号

新时代大学生劳动教育研究

XINSHIDAI DAXUESHENG LAODONG JIAOYU YANJIU

著　　者：曹丽萍
责任编辑：任军锋
封面设计：知更壹点
出版发行：北京工业大学出版社
（北京市朝阳区平乐园 100 号　邮编：100124）
010-67391722（传真）　bgdcbs@sina.com
经销单位：全国各地新华书店
承印单位：天津和萱印刷有限公司
开　　本：710 毫米 ×1000 毫米　1/16
印　　张：11.75
字　　数：235 千字
版　　次：2021 年 4 月第 1 版
印　　次：2022 年 5 月第 1 次印刷
标准书号：ISBN 978-7-5639-7940-0
定　　价：60.00 元

作者简介

曹丽萍，武汉大学博士研究生，中南财经政法大学副教授，主要研究方向为大学生思想政治教育、大学生德育等。

前　言

2018 年 9 月 10 日，全国教育大会提出了要培养德智体美劳全面发展的社会主义建设者和接班人的总要求，并强调了劳动育人的价值，为新时代高校的育人工作指明了方向。2020 年 3 月 20 日，《中共中央、国务院关于全面加强新时代大中小学劳动教育的意见》出台，对各级各类学校的劳动教育提出了科学的建构体系，绘制了新时代劳动育人的实施图景。劳动是创造物质财富和精神财富的过程，是人类特有的基本社会实践活动。

劳动教育着眼于发挥劳动的育人功能，在大学生思想政治教育中起着重要的作用；劳动教育是对学生进行热爱劳动、热爱劳动人民的教育的活动，是培养德智体美劳全面发展的时代新人的必然要求；劳动教育是中国特色社会主义教育制度的重要内容，是全面发展教育体系的重要组成部分。

本书以切实助益高校劳动教育育人实效的提升为目标，以理论与实践结合为特色，既能触发学生对劳动的理解和思考，使其改变劳动的习惯和方式，增长劳动的智慧和本领，学会感恩、协作，增强社会责任感；又能促进高校学生工作者育人水平的提高，为构筑“师生共成长”的协同发展模式提供理论选择和实践支撑。

本书秉持劳动教育的基本理念，结合劳动教育理论与实践中的重点问题，具有明显的时代特征，既适合高校学生使用，又可供高校学生工作者、高校思想政治教育研究人员学习参考。本书为中南财经政法大学中央高校基本科研业务费专项资金资助项目（项目编号：2722019SQZ05）结项成果。

作者在撰写本书的过程中参考了大量文献资料，在此向涉及的学者表示衷心的感谢。另外，由于作者水平有限，加之时间仓促，本书难免存在不足之处，恳请广大读者批评指正。

目 录

第一章　劳动与劳动教育 …………………………………………… 1
第一节　劳动概论 …………………………………………………… 1
第二节　马克思劳动价值论与人的全面发展 ……………………… 6
第三节　劳动教育的含义与演变 …………………………………… 14
第四节　劳动教育的价值与作用 …………………………………… 17
第二章　新时代大学生劳动教育的内涵 …………………………… 21
第一节　新时代关于劳动的重要论述 ……………………………… 21
第二节　新时代关于青少年树立劳动观的阐释 …………………… 23
第三节　新时代大学生劳动教育思想的背景与内涵 ……………… 26
第四节　新时代大学生劳动教育的不同层面、特征与目标 ……… 30
第三章　新时代大学生劳动教育 …………………………………… 39
第一节　新时代大学生劳动价值观 ………………………………… 39
第二节　新时代大学生劳动素养 …………………………………… 50
第三节　新时代高校劳动教育环境 ………………………………… 60
第四节　新时代高校劳动教育课程 ………………………………… 66
第四章　新时代劳模精神、创新精神与创新实践 ………………… 81
第一节　新时代劳模精神 …………………………………………… 81
第二节　新时代劳动创新精神 ……………………………………… 92
第三节　新时代青年劳动观与创新实践 …………………………… 95
第五章　新时代大学生劳动教育的路径 …………………………… 99
第一节　高校劳动教育机制的构建路径 …………………………… 99

第二节　高校劳动教育模式的构建路径 …… 105
第三节　高校劳动教育评价指标体系的构建路径 …… 108
第四节　劳动教育融入高校校园文化建设的路径 …… 113
第六章　新时代大学生劳动教育的实践 …… 125
第一节　生活技能实践 …… 125
第二节　社会服务实践 …… 136
第三节　志愿活动实践 …… 143
第七章　新时代大学生劳动教育的策略 …… 153
第一节　劳动教育融入"三全育人"理念 …… 153
第二节　劳动教育融入"立德树人"理念 …… 158
第三节　劳动教育融入大学体育和专业技能教育 …… 166
第四节　劳动教育与创新创业教育和德育的融合 …… 171
参考文献 …… 178

第一章　劳动与劳动教育

马克思主义劳动观认为，劳动是人的本质活动，是区分人与动物的重要标志。从一定意义上来说，劳动创造了人本身，使人不仅是具有自然属性的生物的人，更是具有社会属性的能动性的人。在人类的活动过程中，人们通过劳动产生了劳动关系和交往关系，出现了更复杂的社会关系。同时，劳动创造价值，不仅包括实体的经济价值，而且包括人生价值、精神价值。马克思指出，人的解放是实现人本质的复归，是人真正占有自己并实现自己的过程，而这一切正是通过劳动实现的。

第一节　劳动概论

什么是劳动？劳动和人类社会以及每个人是怎样的关系？劳动教育对于当代大学生具有什么作用和意义？

劳动作为人类活动的一个基础范畴，具有哲学、政治学、经济学和人类文化学等多方面的意义。劳动与人类社会密切相关，深入了解马克思主义的劳动观，认知劳动的深刻含义和其与人类社会的关系，有助于我们深入认识劳动，并积极投入劳动实践中去。

劳动是人们改变劳动对象，使之适合自己需要的有目的的活动，即劳动力的支出或使用。劳动是人类社会存在和发展的最基本条件，在人类形成过程中起了决定性作用。人类的祖先类人猿经长期劳动实践，才变成能制造工具的人。劳动在不同的社会制度下具有不同的社会属性。

一、劳动的定义

劳动，是人类实践活动的一种特殊形式，多指创造物质财富和精神财富的活动。从哲学角度讲，劳动被定义为“是人类特有的基本的社会实践活动，也是人类通过有目的的活动改造自然对象并在这一活动中改造人自身的过程”（《中国大百科全书·哲学卷》）；在经济学中，劳动则是指劳动力（含体力和脑力）的支出和使用：“劳动力的使用就是劳动本身。劳动力的买者消费劳动力，就是让劳动力的卖者劳动”（《资本论》）；从历史唯物主义的视角看，劳动是人类社会赖以生存和发展的前提，正所谓“劳动创造了世界，劳动创造了历史，劳动创造了人本身”。

二、劳动与人的关系

马克思主义劳动观认为劳动是人类的本质活动，将劳动置于人类一切活动的基础、本源乃至中心地位。劳动与人，两者密切相关，互为本质，互相定义，互相推动。劳动创造了人本身，人的行为界定了劳动的概念，同时，人的发展又推动了劳动生产能力的提高，人在与劳动的动态平衡关系中创造了人类文明。

（一）劳动是人的起源和本质特征

恩格斯在《劳动在从猿到人转变过程中的作用》一书中对劳动怎样创造了人本身的问题进行了详细的论述：猿类在进化为人类的过程中，正是通过劳动逐渐习惯直立行走，解放并发展出能够灵活使用和制造工具的双手的。手的发展带动了整个身体和劳动内容形式的发展，促使“这些正在形成中的人”因劳动协作需要而不断发出声音来交流，因此产生了语言。身体、工具与语言的发展，又进一步促进了大脑、感觉器官和社会群体的发展，最终形成了与动物有着本质区别的人和人类社会。总之，从猿到人的转化，劳动不仅起到了决定性的作用，也是标志性的成果。因此恩格斯总结说：“劳动是整个人类生活的第一个基本条件，以至于我们在某种意义上不得不说：劳动创造了人本身。”

劳动是人类使用工具来改变自然物，使之适合自己需要的有目的的活动。人与动物的本质区别是劳动，人类的劳动和动物的本能活动有着本质的区别。其首要的一点在于，人类的劳动是有意识、有目的、有计划地改造自然的活动。马克思曾经把人和蜘蛛、蜜蜂做比较，来说明人类劳动的这种特点：“蜘蛛的活动和织工的活动相似，蜜蜂建造蜂房的本领使人间的许多建筑师感到惭愧。但是，最蹩脚的建筑师从一开始就比最灵巧的蜜蜂高明的地方，是他在用蜂蜡建造蜂房以前，已经在自己的头脑中把它建成了。”当劳动工具的制造、携带、保存与使用逐渐成为一种生存方式和特殊能力，它显现了劳动的自由创造性，并且成为一种精神自觉而具有了普遍的符号意义时，也就意味着具有真正的自由精神的人类出现了。而且，在劳动促进人创造自身的过程中，劳动经验传递与劳动能力习得活动，也正是人实现种系的生存与发展的一种教育自觉活动。

（二）人在劳动过程中的能动性和创造性

恩格斯曾说：“人们首先必须吃、喝、住、穿，然后才能从事政治、科学、艺术、宗教等活动。”诚然，人因生产劳动而生存。生产劳动首先创造了丰富的物质基础，使人在很大程度上从自然界的物质束缚中脱离出来，成为万物的灵长。马克思指出：“整个所谓的世界历史，不过是人通过人的劳动而诞生的过程，在这个过程中，劳动创造了人，同时也是人的存在方式。但同时，人对劳动具有极强的能动性、对象性意志情感表达，因此，劳动是人的对象化的过程，是主客体统一、身体与精神协调的过程。通过劳动，人超越了作为物种生命存在的自然性和自然依赖，实现了自由创造性和完成了自我实现。”马克思在《1844 年经济学哲学手稿》中指出：“一个种的整体特性、种的类特性就在于生命活动的性质，而自由的有意识的活动恰恰就是人的类特性。”在此，马克思在人与动物的根本区别上肯定了人是劳动的类存在。劳动的生命活动以物质需要的满足为前提，人既要学会克制、延迟自己的本能欲求，不能任凭本能欲求驱使而消耗有限的物质生活资料，又要在本能欲求的基础上不断展开自为的、扩大的生产劳动。因此说：“劳动是一种自我限制与延迟，但它延展了人的生存尺度，扬弃了人对自然的依赖性，实现了理性自我的觉醒。”人的自我克制与生产劳动充分体现了人的意志自由性和对劳动产品的创造性，劳动被赋予了作为人的存在方式的文化内涵。马克思主义对于劳动的充分肯定，表征了人的生命与动物的生命的本质区别，彰显了人的存在所特有的自由创造性，确认了劳动是人的存在的类本质。

劳动是人类最基本的实践活动，也是人的对象性活动。马克思认为，人通过生产劳动改造对象世界的过程，就是在生产劳动中实现其类生活的对象化的过程。从事“对象性”生产劳动要求人具备以下能力。

第一，人应该具有主体意识。动物的生命活动与其自身直接同一，而人可以通过实践实现从意识到物质活动的转换，反过来又将人的生命活动变成其意识的对象。

第二，人应该具有能动性，能动地认识世界和改造世界。

第三，人应该具有实践性。实践是人类特有的物质活动，人类劳动作为最基本的实践活动，创造了人类历史。实践性内在包含着革命性、批判性和斗争性。马克思主义认为“实践的唯物主义者”能够使一切革命化。人类实践的目的是推动人类社会的发展，实现人的全面发展，发展需要在对现存事物的不断否定、不断批判和不断扬弃中实现。

总之，劳动是人的本质力量的对象化活动，崇尚劳动、尊重劳动是对人的本质力量即人的一般本质和现实本质的价值复归。人的一般本质指人类区别于动物的根本特征，即劳动是人类特有的生存和生活方式。劳动促使人类从动物的自然属性提升到人的自然属性，再发展为人的社会属性。人的现实本质指不同劳动条件、不同社会经济形态中从事现实活动的劳动者各不相同。横向来看，在诸多复杂的社会生产关系中，不同的劳动方式决定了社会结构状况，也决定了人的阶级属性和社会地位；纵向来看，劳动必然受到一定历史条件的制约，不同历史条件下的劳动对象、劳动工具、劳动内容、劳动规模、劳动水平等决定了人的现实状况和实践能力。因此，人通过劳动及其产品实现和证明着自己的本质。“个人怎样表现自己的生命，他们自己就是怎样。因此，他们是什么样的，这同他们的生产是一致的——既和他们生产什么一致，又和他们怎样生产一致。”劳动是主体将自身本质力量和内在尺度对象化于客体的过程，也是人在追求全面发展的同时实现自我价值的过程。

三、劳动与人类社会

人类社会的各种活动，无不是劳动，无不是建立在劳动的基础之上的。劳动与社会发展息息相关。马克思主义唯物史观和中华民族发展奋斗的历史经验告诉我们，劳动是历史前进的动力，劳动塑造了优秀的民族文化，劳动精神也是推进党和国家事业发展的内在动力。

劳动成为历史前进的动力。人类劳动不仅是人现实的社会性本质生成的根据，而且是推进人类不断进步的自由创造力量、改变世界和解放自身的历史前进动力。人类社会运动史从实质上说就是人类社会的劳动发展史。劳动创造与推动了人类社会历史运动，“整个所谓世界历史不外是人通过人的劳动而诞生的过程”。同时，人通过劳动不断体现和生成自身的创造性本质力量，“从根本上来说，我们是‘创造性’的存在物，每个人都体现了创造性能量”。人在劳动过程中不断发挥和发展自身的创造力，进而推动人类历史进步，实现人存在的真正价值。所以说，人类历史的发展进程印证了劳动的自由创造性实质。

马克思主义劳动观首先从哲学人类学和存在论层面肯定了人是自由创造性的劳动存在，自由创造性劳动即人以自由意志创造自身、创造环境、创造社会、创造历史的创造性劳动。马克思主义劳动观将劳动与人的存在方式统一起来，给予劳动以历史性的价值关怀。劳动作为人才具有的自由创造性活动，蕴含了发展人和发展社会的教育旨趣，进而为劳动教育促进人的发展和社会进步奠定了实践的逻辑根基。

劳动塑造了优秀的民族文化。劳动精神孕育于中华民族创造历史的劳动实践之中，积淀于中华优秀传统文化、革命文化、先进文化之中，它反映了中华儿女崇尚劳动、尊重劳动的整体性格和深层心理，成为中华民族的独特精神标识和维系中华民族生存和发展的精神纽带。中华民族是勤于劳动、善于创造的民族。正是因为劳动创造，我们拥有了历史的辉煌；也正是因为劳动创造，我们拥有了今天的成就。历史呼吁新时代劳动精神必须承载伟大而艰巨的光荣使命，现实召唤新时代劳动精神必须富有开创美好未来的创造活力。自古以来，精卫填海、愚公移山等蕴藏朴素劳动精神的神话传说，神农“教民农作”、舜耕历山、大禹治水等传颂劳动可贵的民间故事，刺股悬梁、积雪囊萤、燃糠自照等赞誉勤奋刻苦的成语典故……无不彰显着崇尚劳动、尊重劳动是中国劳动人民在缔造灿烂文明的漫长劳动实践中形成的精神品格和价值追求，并由此创建了世代中华儿女丰富的物质世界和丰裕的精神世界。实现我们的发展目标，不仅要在物质上强大起来，而且要在精神上强大起来。工匠精神、航天精神、互联网精神、“一带一路”精神、改革开放精神等新时代劳动精神资源，生动地诠释了社会主义核心价值观，构筑了中国特色社会主义文化大厦，已然成为实现国家富强、民族振兴、人民幸福的目标的更基本、更深沉、更持久的精神力量。

劳动精神是推进党和国家事业的内在动力。中华民族五千年文明史是中国劳动人民自强不息、励精图治的伟大历史。中华民族历经磨难，无数仁人志士舍生忘死，为救国救民而奋起抗争。中国共产党改写了中华民族积贫积弱的历史面貌，续写了敢为人先的奋斗历程，谱写了举世瞩目的时代新篇，团结带领全国各族人民历经千辛万苦创造了彪炳史册的人间奇迹。从诞生之初嘉兴南湖边寻找光明的摆渡人，到战争年代枪林弹雨中挺起脊梁的主心骨，再到建设时期广阔天地间勇往直前的先锋队，中国共产党始终初心如磐，团结带领人民前仆后继、顽强奋斗，把贫穷落后的半殖民地半封建的旧中国改造为欣欣向荣的社会主义新中国，彻底实现了民族独立和人民解放，努力实现着国家富强和人民幸福，中华民族伟大复兴展现出前所未有的光明前景。“历览前贤国与家，成由勤俭败由奢”，中国共产党始终把艰苦奋斗、勤俭治国作为党和国家事业发展的传家宝，根据不同历史时期人民的意愿和事业发展的需要，提出富有感召力的奋斗目标，团结带领全国各族人民为之不懈努力奋斗。在新的历史条件下，实现人民对美好生活向往的奋斗目标，亟须弘扬和培育新时代劳动精神，不断发掘党和人民的创新创造活力，发挥新时代劳动人民的历史主动性，发扬逢山开路、遇水搭桥的英勇品质和创造精神，锐意进取，大胆探索，通过劳动创造源源不断的物质财富和精神财富，不断有所发现、有所发明、有所创造、有所前进，开拓社会主义劳动建设新局面。

第二节 马克思劳动价值论与人的全面发展

马克思劳动价值论是马克思政治经济学的理论基础，也是整个马克思主义理论体系的重要理论基础，是科学社会主义的基石，对指导我们进行有中国特色的社会主义建设具有重要的理论和现实意义。劳动价值论中的劳动讲的就是生产劳动和创造价值的劳动，而生产劳动在劳动价值论中处于重要的链接地位，用马克思的话来说，就是“理解全部政治经济学的枢纽”。

一、马克思劳动价值论

马克思劳动价值论深刻阐释了商品经济的本质和运行规律，赋予了活劳动在价值创造中的决定作用，并由此奠定了剩余价值论的理论基础。马克思劳动价值论不仅在人类经济学说史上具有重要的理论价值和历史地位，而且在今天的时代条件下，依然有着重要的指导意义。

（一）马克思劳动价值论的主要内容

1. 劳动具有二重性

《资本论》如此定义“劳动”，它是人与自然之间互相发生行为和人以自身活动调整、控制人与自然之间关系的物质变换的过程。裁缝生产衣服和铁匠生产器具，都是通过具体劳动生产出来的，具体劳动生产商品的使用价值；当生产出的物品被作为商品出售时，必须以无差别的人类劳动作为衡量标准，此时物品是价值的实体，是抽象劳动的凝结。所以劳动具有二重性，由生产商品的具体劳动和抽象劳动构成。在政治经济学范畴中，作为生产商品使用价值的具体劳动，不同于一般意义上劳动分工的有用劳动，而是建立在社会分工基础上作为商品交换的有用劳动；抽象劳动是同质的无差别的形成商品价值的劳动。马克思用由具体到抽象、先分析到综合的方法考察生产商品的劳动二重性，商品经济关系决定了生产商品的异质的具体劳动转化为同质的无差别的抽象劳动。因此，形成价值实体的人类劳动是一定社会关系的反映，具有历史性。

2. 商品是使用价值和价值的对立统一体

商品是使用价值和价值(亦称“商品二因素”)的对立统一体。生产一件物品，能满足人类的某种需要，马克思将这种物的有用性称为使用价值，使用价值是具体劳动的成果。生产者生产出一件物品，无论是自己使用还是出售给顾客，它都具有使用价值。一切非天然存在的物质财富要素，都必须通过人类的某种需要和专门的生产活动才能被创造出来，因此，使用价值是社会物质财富的承担者和交换价值的载体，是商品的自然属性。当从不同的产品抽象出耗费的人类劳动时，虽然劳动形式不同，但都是人脑、肌肉、神经、手等的生产耗费，从这个意义上生产的产品都是无差别的人类劳动，所以才能在市场上等价交换。凝结在商品中无差别的人类劳动就是价值。价值是商品的社会属性，由抽象劳动创造。劳动二重性和商品二因素紧密相连，不可分割，劳动二重性决定了商品二因素，并且后者是前者推导的逻辑起点。

3. 价值量与价值规律

马克思认为，商品的价值量是由生产商品的社会必要劳动时间决定的。社会必要劳动时间是指：“在现有的社会正常的生产条件下，在社会平均的劳动熟练程度和劳动强度下，制造某种使用价值所需要的劳动时间。”一个企业要想获得高利润，就必须通过引进科学技术提高劳动生产率，使生产该商品的劳动时间低于社会必要劳动时间，即商品个别价值低于社会价值时，企业才会盈利。社会必要劳动时间与商品的价值量成正比，与劳动生产率成反比。通过劳动价值论中价值量的变动，马克思探索出了市场价值规律。由于商品价值和价值量的存在，商品市场上必须遵循等价交换原则，商品生产者就会通过改进生产工具、提高劳动生产率，争取更多的盈利且避免在商品市场上被淘汰，所以生产资料和劳动力在各生产部门被优化分配，这就是受价值规律影响的表现。商品的价值在市场流通过程中转换为商品的价格，从短期和表面来看，商品的价值和价格不一致，但其存在内部联系；市场价值调节供求关系，供求关系影响市场价格，市场价格围绕市场价值并进一步围绕商品的生产价格上下波动，这是价值和价格内在本质的联系。

（二）马克思劳动价值论的当代价值

生产劳动的自然属性和社会属性构成了生产劳动的本质即内涵，这是我们考察和研究生产劳动最基本的依据。

生产劳动“作为使用价值的创造者，作为有用劳动，是不以一切社会形式为转移的人类生存条件，是人和自然间物质变换即人类生活得以实现的永恒的自然必然性”。由此可见，马克思对生产劳动的基本定义有三层意蕴：其一，生产劳动是人与自然间的交换过程；其二，这种交换过程是有效用的；其三，这种交换过程是不受社会存在形式影响的，表现为一种自然必然性。这是就生产劳动的自然属性而言的。

在考察了资本主义的生产过程之后，马克思进一步指出：“生产劳动是直接增殖资本主义的劳动或直接生产剩余价值的劳动，就是说，它是没有对工人即劳动完成者支付等价物就实现在剩余价值中的劳动，就表现为剩余产品的劳动，表现为劳动资料垄断者即资本家的商品剩余的增量的劳动……因此生产劳动是直接为资本充当自行增殖的因素，充当剩余价值的增量的劳动。”由此可见，生产劳动作为价值的创造者，其本质是由社会经济形态决定的。在资本主义社会，生产劳动只是生产剩余价值的增量的劳动，也就是生产资本主义生产关系的劳动。这是就生产劳动的社会属性而言的。

在资本主义社会，由资本主义生产劳动的本质所决定，生产劳动必然是以资本家的物质利益的生产为目的的生产劳动，这种生产劳动完全“由价值来进行调节”“这种劳动创造的是资本”。因此，生产劳动只是剥削工人剩余价值的手段，是在私有制条件下对人的异化。

马克思以唯物辩证法为批判武器，从商品这个微观元素出发，揭示商品的内在矛盾和整个资本主义社会的内在矛盾及其运动规律，建立起科学的劳动价值论，完成了政治经济学的革命，为无产阶级政治经济学和社会主义国家经济体系的建立提供了坚实的理论指导。劳动价值论是《资本论》立论的理论基础，马克思在对资本主义的批判和共产主义社会实现自由自觉劳动的伟大构想中蕴含着丰富的劳动伦理思想，劳动伦理思想的建构逻辑和价值遵循为中国特色社会主义建设提供源源不绝的精神动力和理论滋养。

首先，要树立以人民为中心的根本立场。“坚持以人民为中心的发展思想，这是马克思主义政治经济学的根本立场”，“部署经济工作、制定经济政策、推动经济发展都要牢牢坚持这个根本立场”。马克思政治经济学从一开始就旗帜鲜明地站在无产阶级和广大劳动人民的立场上，通过对资本主义矛盾运动的解剖，揭示了资本家对无产阶级和劳动人民的剥削，科学地论证了无产阶级是资本主义的掘墓人。以人民为中心是建立在生产资料公有制基础上，确立了广大劳动人民在社会生产关系中的主体地位，以人民为中心是中国特色社会主义政治经济学的逻辑起点和根本立场。

其次，要坚持公平正义，让劳动者有更多的获得感。马克思在考察资本主义生产方式中发现了劳动和劳动力的区别，资本家在商品市场上购买的是劳动力的价格即支付工资，但购买到的劳动在生产过程中会创造更多的价值，即价值增值过程，这就是剩余价值的来源。党的十九大报告指出，要保证人民在共建共享发展中有更多的获得感。增强劳动者获得感是基于马克思劳动价值论对于劳动创造价值、劳动者主体地位、劳动中人与人的社会关系以及实现劳动自由自觉的倡导和创新，人的价值在资本主义生产关系及其价值体系中被遮蔽了，现代劳动以社会劳动取代雇佣劳动，力图将劳动从资本主义生产增值过程中解放出来，还原劳动创造价值和尊重劳动主体的科学发展，实现真正的公平正义，让劳动人民有更多获得感。

再次，要回归劳动价值，倡导工匠精神。劳动包括两方面的含义：从哲学角度来说，劳动是人的本质，是人实现自我价值的重要途径；从经济学角度来说，劳动主要是指劳动力生产物质生活资料。新时代背景下提倡劳模精神和工匠精神，这是建设社会主义精神文明的重要内容，也是社会主义核心价值观在个体和劳动层面的实践旨趣，更是马克思劳动价值论在中国特色社会主义新时代的继承发展和创新。新时代背景下劳动者在劳动过程中，以生产物质生活资料为起点，创造出相互联系的社会关系，以实现自由自觉的劳动为奋斗目标，回归劳动价值，实现外在劳动与内在精神的有机统一，在实现自我价值和他人良性互动中推动社会发展。

最后，要扬弃异化劳动，实现人的解放。异化是指人与自身创造出来的东西存在对立状态。劳动作为一种类本质的自由自觉的活动，在资本主义社会里却成为异己力量反过来支配奴役人，具体表现为劳动者同自己的劳动产品相异化，工人生产的财富越多，其自身的处境就越贫困，劳动者生产的商品越多，其劳动力就越变成廉价的商品。走中国特色社会主义道路，必须坚持马克思劳动者立场，通过提高劳动者素质、发展生产力以及创新完善劳动思想理论，为实现劳动解放进而达到人类自由全面发展的共产主义积累条件。

二、异化劳动与人的全面发展

马克思用“异化劳动”来概括私有制条件下劳动者同他的劳动产品及劳动本身的关系，认为劳动（自由自觉的活动）是人类的本质，但在私有制条件下却发生了异化。异化劳动理论是马克思主义理论的重要组成部分，旨在批判资本主义社会中资本奴役劳动、物统治人等种种弊端，进而阐述扬弃异化和实现人的自由全面发展的未来社会理想。

（一）异化劳动理论的提出

马克思在《1844 年经济学哲学手稿》中，将哲学与政治经济学研究结合起来，得出异化劳动理论。其一，劳动是人类自由自觉的活动，构成了人的本质；其二，在资本主义私有制条件下，人与从属于自己的劳动发生了异化，即出现了异化劳动。马克思通过对各种异化劳动的分析，得出强制的固定化的社会分工是异化劳动的根源，私有财产是异化劳动的结果，揭露批判了资本家无情剥削无产者的本质，并得出结论：只有扬弃固化的社会分工，消灭私有制，大力发展生产力，进入人类自由而全面发展的共产主义社会，异化劳动才会消失。

（二）异化劳动的四重规定性

1. 劳动者与劳动产品相异化

“劳动所生产的对象，即劳动的产品，作为一种异己的存在物，作为不依赖于生产者的力量，同劳动相对立。”劳动者生产的劳动产品本应归劳动者所有，但在资本主义制度下，劳动产品不归劳动者所有，而属于与工人相对立的资本家。但资本家所支付给工人的工资勉强维持肉体的需求，工人没有主观能动性，没有精神追求，只为了简单的肉体的生存需要而成为资本家的奴隶或从属于工资。正如马克思在政治经济学中所描述的那样：“工人生产的财富越多，他的产品的力量和数量越大，他就越贫穷。工人创造的商品越多，他就越变成廉价的商品。物的世界的增值同人的世界的贬值成正比。”工人在生产大量产品后得到的只是赤贫，但工人又不能摆脱资本家的奴役，只能靠出卖劳动维持生存。

2. 劳动者与生产活动相异化

马克思认为人的本质是自由自觉的活动，即劳动，在劳动中人应感觉到快乐幸福，但在资本主义生产方式下，工人在劳动中受到的是人性的摧残、剥削和不幸。因而劳动对工人来说是一种外在的东西，劳动不属于劳动者本身，工人在劳动中不是肯定自己而是否定自己，工人只是机器式地发挥作用，为资本家生产更多的产品，为资本家创造更多的剩余价值。这种劳动并不是工人自愿的活动，只是为了肉体的需要而维持基本生存的被迫的劳动。

3. 劳动者与自身的类本质相异化

马克思曾指出“人是一种类存在物”，人的类本质是人自由自觉的生产劳动，是人区别于动物的根本特性。人通过自由自觉的活动及发挥主观能动性，不断实现自己的价值，也为社会创造财富。劳动是人的类本质，在劳动中工人感受到的是幸福，是自我价值的实现，人只有在劳动的实践中才能证明自己的价值和存在。但在强制的社会分工的资本主义私有制下，工人的劳动不是自由自觉的活动，而是被迫的劳动，劳动仅仅成为工人维持肉体生存的手段，工人的主体性被淹没，人的类本质丧失，人只是作为动物的本质的存在，人的类本质与人相对立，人不再是作为真正意义上的人而存在。

4. 人与人相异化

“人同自己的劳动产品、自己的生命活动、自己的类本质相异化的直接结果就是人同人相异化。当人同自身相对立的时候，他也同他人相对立。”工人为了生存，为了获得出卖劳动的机会，使得工人与工人相异化；工人与资本家之间只是利益关系，工人只是为了维持肉体的需求而从属于资本家，使得工人与资本家相异化；大资本家为了赚取更多的剩余价值，吞并小资本家，使得资本家之间相异化。马克思将物的异化上升为人与人的异化，批判了资本主义制度的不合理。

（三）马克思劳动异化论的启示意义

1. 有助于深化对社会主义本质的认识

马克思提出，人类社会只有发展到人人自由而全面发展的共产主义阶段——生产力高度发达，私有制不复存在，劳动不再是谋生的手段，而是生活的需要——那时异化劳动才会消失。社会主义商品生产同资本主义商品生产存在本质的区别，因而社会主义生产劳动与资本主义生产劳动在本质上也是有区别的。社会主义商品生产的本质决定了社会主义生产劳动的本质是从人的全面发展的需要出发的，是以人为核心的。由于社会主义公有制占主导地位，劳动过程不表现为人与物的对立、人与人的对立。人与人之间的关系表现为同一社会利益集团中各成员内部的关系。从事社会主义生产劳动的各个社会阶层都是“中国特色社会主义事业的建设者”，建设中国特色社会主义事业即社会主义社会各阶层最根本的共同利益、共同理想。因此，劳动过程中人与物的矛盾、人与人的矛盾可以自发地或在社会主义国家的调控下进行调和。

2. 坚持以人民为中心的发展思想，不断增强人的主体意识

要想消除异化，首先要消灭私有制，消除强制的固化的社会分工，坚持以人民为中心，大力发展生产力。党的十九大提出“新时代中国特色社会主义思想，必须坚持以人民为中心的发展思想，使人民获得感、幸福感、安全感更加充实、更有保障、更可持续”。

3. 坚持精神文化建设，促进人自由而全面发展

人的全面发展是指人的劳动能力，即人的体力和智力的全面、和谐、充分的发展，还包括人的道德的发展。人的发展同自身所处的社会生活条件是相联系的，旧式分工造成了人的片面发展，机器大工业生产提供了人的全面发展的基础和可能，社会主义制度是实现人的全面发展的社会条件。生产劳动同智育和体育相结合，不仅是提高社会生产的一种方法，而且是造就全面发展的人的唯一方法。在资本主义私有制下，工人没有精神文化追求，只是简单地维持基本的生存。

三、劳动的目标

新时代劳动价值观以辛勤劳动、诚实劳动和创造性劳动为根本遵循和实践逻辑，协调劳动关系中的各种矛盾，推动人的全面发展和社会的全面进步。

（一）以辛勤劳动收获幸福

劳动是财富的源泉，也是幸福的源泉。辛勤劳动本身就是一种幸福，人们在劳动中体现价值、展现风采、感受快乐；辛勤劳动更是幸福的持久保障，没有经过辛勤劳动获得的成果如指间流沙，经不起时间的考验。

辛勤劳动即要埋头苦干、真抓实干，干在实处、干出成果。它具有以下四个层次的精神意蕴：一是“想干”的理想境界，即以更强的使命、更足的干劲、更实的作为，争做新时代的奋斗者、社会主义的实干家；二是“敢干”的责任担当，即以过人的胆识、豪迈的气魄、顽强的毅力，甩开膀子大胆干，撸起袖子加油干；三是“真干”的实践品质，以务实的作风、敬业的态度、勤勉的姿态，抓铁有痕、踏石留印；四是“巧干”的本领能力，以灵活的智谋、过硬的素质、卓越的才能，在新时代干实事、干大事、干成事、干好事。

（二）以诚实劳动立身处世

民无信不立，诚信是一个人乃至一个国家立身治世的根本。诚实劳动是社会转型和经济改革过程中规范社会关系的“润滑剂”“稳定器”“助推器”，诚实劳动要求劳动者将全部体力和脑力诚实地付诸劳动实践，不驰于空想，不骛于虚声。三百六十行，行行出状元，只要做到勤勉工作、精益求精，每个人都能在平凡的岗位上干出不平凡的业绩。

通过构建规范有序、公正合理、互利共赢、和谐稳定的劳动关系，实现全社会的诚实劳动。努力构建中国特色和谐劳动关系，是加强和创新社会管理、保障和改善民生的重要内容，是建设社会主义和谐社会的重要基础，是经济持

续健康发展的重要保证，是增强党的执政基础、巩固党的执政地位的必然要求。一是坚持以人为本，解决好劳动者最关心、最直接、最现实的利益问题以及最困难、最忧虑、最急迫的实际问题；二是坚持依法构建，健全劳动保障法律法规，把劳动关系的建立、运行、监督、调处的全过程纳入法治化轨道，加快建设覆盖全社会的信用信息系统，落实失信惩戒机制；三是坚持共建共享，推动劳动关系主体双方协商共事、机制共建、效益共创、利益共享，使得劳动成果更多更公平地惠及劳动者，真正实现多劳多得、少劳少得、各尽所能、按劳分配；四是坚持改革创新，推进具有中国特色的劳动关系工作理论、体制、制度、机制和方法创新，不断革新劳动政策、健全劳动法律、改善劳动环境，将诚实劳动抽象性的价值取向固化为全社会共同遵守的制度规范，努力实现劳动者体面劳动、全面发展。

（三）以创造性劳动引领未来

劳动本身就是生命展现价值多样性和丰富性的过程，人在生产劳动中既能改进人与自然、人与社会以及人与自身的关系，又能使人超越现实生产劳动的限制，扩大对自然世界和人为世界突破性的兴趣和想象，激发对未来社会超越性的理想与目标。

首先，创造性劳动指能够以最大限度挖掘人的创造性思维、释放人的主观能动性，突破现存事物旧的表现形式和物质形态，从而生产创造出新的使用价值。劳动者在创造和享受生存所需的物质产品的同时，也表现出对精神所需的生命价值与意义的追寻，创造性劳动在促进人自由而全面发展以及推动社会全面进步中发挥着极为重要的作用。

其次，创造性劳动要求劳动者成长为德智体美劳全面发展的时代新人。出于社会发展的外在需求以及个人发展的自然性的内在要求，创造性劳动既要求劳动者的各种最基本或基础的素质得到全面发展、整体发展、和谐发展，又要求劳动者在各种素质及其内部各种要素的结构组合上追求自由发展、个性发展、创造性发展。全面发展和自由发展并驾齐驱，才能真正提高劳动者的综合素质，释放其劳动潜能，增强其创新创造能力。

最后，创造性劳动是推动国家和民族向前发展的根本力量。面对新一轮全球科技竞争呈现的新态势、新特征，要适应和引领我国经济发展的新常态，关键是依靠科技创新转换发展动力，抓住科技创新就是抓住了牵动我国发展的牛鼻子。与此同时，科技创新还需要有制度创新协同作用、共同推进。因此，创造性劳动并非一墙一隅，而是一个系统工程，要不断推进理论创新、实践创新、制度创新以及其他各方面的创新，频频讲创新、事事想创新、处处谋创新。

创造性劳动是全民族劳动者共同的事业，要强化实施创新驱动发展战略，普及科学知识、弘扬科学精神、传播科学思想、倡导科学方法，使蕴藏在亿万人民中间的创新智慧充分释放、创新力量充分涌流，不断推进大众创业、万众创新。

第三节　劳动教育的含义与演变

劳动和教育是互相包含的关系，本质上教育是为社会培养劳动者，是社会生产劳动体系中的一个环节，而劳动自然是教育中的重要内容和培养目标。现代社会生产要求劳动者全面发展，也只有全面发展的劳动者才能担负起现代社会大生产的责任，这是现代社会生产的客观规律；同时，中国特色社会主义进入新时代，劳动是人的全面发展和解放的活动，更近于实现人的智力与体力的有机结合和自由发挥。因此，教育与生产劳动相结合，坚持并创新劳动教育，是现代教育发展的必然过程。

劳动教育是社会主义教育的重要特征，它以马克思主义“人的全面发展”学说为指导，为我们提供了坚实的理论基础。在社会主义教育中，劳动教育既是教育内容，也是教育目的，意在培养广大青少年的劳动本领，树立劳动光荣的价值观念，保持社会主义国家主人翁和建设者的光荣本色。从这个意义上说，劳动教育是培养社会主义建设者和接班人的重要途径，新时代的大学生应当通过了解我国劳动教育的相关政策，深入领会劳动教育的本质和重要意义，高度认同劳动价值，精熟掌握劳动本领，努力促成个人全面发展，积极投身社会主义建设。

一、劳动教育的含义

“劳动教育”是以促进学生形成劳动价值观（确立正确的劳动观点、积极的劳动态度，热爱劳动和劳动人民等）和养成良好劳动素养（形成劳动习惯、有一定的劳动知识与技能、有能力开展创造性劳动等）为目的的教育活动。

首先，劳动教育中的“劳动”，不是广义的生产劳动，亦非狭义的脑力劳动或专业劳动，不是指那种脱离实践、与生活脱节的纯粹智力活动。劳动教育中的“劳动”是指身心合一、身体力行、动手操作的劳动。

其次，在劳动教育中真正要实现的是人的整体文化的提升。人在劳动中，需要肉体的耐力、毅力、辛苦、劳累，需要心理的紧张、兴奋、专注、投入，也需要知识的实际运用和创造性的发挥，肉体、心理、认知应高度融合，协调统一。主体必须以自觉的、能动的、积极的、快乐的态度投入劳动过程，发挥人的主体性，展现和丰富人的本质力量，提升人的精神境界，促进个性自由全面发展，使个体整个身心在忘我状态中得到感化和升华，实现“劳动化人”之功。通过劳动教育、手工活动，人能够在简单、踏实的工作中找到安定感、满足感；在富于诱惑力的兴趣爱好中体会痴迷、创造带来的成功乐趣、幸福感；在极具挑战的创造性工作中找到好奇心、满足感、成就感。因此，大学生可以在“身心合一”的劳动过程中成为“完整的人”；在“身体力行”的劳动中树立正确的劳动价值观；在“多维空间”的劳动中促进自我的全面自由发展。

最后，马克思主义劳动主体论认为劳动是一切历史产生和发展的基础，是劳动者主体与主体之间、主体与客体之间建立联系的本质，是促成人之成人、人之为人、人之未来发展及人化世界之发展的决定性因素。远古时代，体力劳动连接人与自然，进而造就人，它既是人的本质，又是人生存发展的基本路径。文明时期，体力劳动成为主体需要，爱劳动也是国民公德的关键内涵，更是身份认同、阶级意识形成的关键路径。新时代，体力劳动被赋予新的元素和特征，科学化程度更高，且渗入了更多的智能化因子，但体力劳动依然重要，是人全面发展、健康发展不可或缺的重要内容。可以说，体力劳动是人自身的主体需要，也是社会各个时代发展的必然要求。在社会主义社会，劳动人民是主体，时代新人是劳动人民的重要来源和关键人群。社会主义高校要培养时代新人，必须兼顾人和社会的共同诉求，以多元化、高质量的体力劳动教育培养全面发展的人。人的全面发展应该是完整发展、和谐发展、多方面发展、自由发展。体力劳动能力是完整发展的重要组成部分，是多方面发展、自由发展的重要基础。新时代大学生应着眼于个人发展的主体需要和社会发展的客体要求，积极投身于劳动教育，通过扎实的劳动实践锻炼，努力促成个人全面发展。

二、新中国成立以来的劳动教育政策和观念嬗变

新中国成立以来，我国一直注重劳动教育，但是受制于时代发展的历史条件和局限，对劳动的理解和定位直接影响着劳动教育政策的制定。

（一）1949—1956 年

这一时期强调体力劳动、服务生产与思想改造。新中国成立初期，迫切需要大量从事工农业生产的劳动者，加之落后的教育现状不能满足大多数小学毕业生的升学需求。因此，开展生产劳动教育，为工农业提供合格的体力劳动者成为这一时期教育的重要使命。劳动教育主要指体力劳动和服务生产等。

（二）1957—1977 年

这一时期，劳动教育的政治意义、经济意义和认识论意义都被提升到了前所未有的高度，在实践中也开始以一种前所未有的姿态强势推进。

（三）1978—1999 年

这一时期强调手脑并用、全面发展与重技轻劳，对是否及如何坚持教育与劳动相结合的问题进行了深入的讨论。改革开放初期，在对“教育与生产劳动相结合”的讨论中，作为教劳结合重要形式和途径之一的劳动教育概念得到明确和澄清，劳动教育被表述为全面发展教育的组成部分之一。在与职业教育、综合技术教育等教育形式的对比中，劳动教育的独特价值得到彰显和确认。这一时期劳动教育的概念与技术技能、全面发展等关系密切。

（四）2000—2012 年

这一时期强调劳动素质、创新创造与综合实践。新世纪前后，素质教育、创新创造、终身学习等概念的出现为劳动教育注入了新的内涵，也进一步拓展了劳动教育的外延。

（五）2013 年至今

这一时期，在新时代中国特色社会主义思想的指导下，强调劳动者情感、劳动体验与劳动价值观。《国家中长期教育改革和发展规划纲要（2010—2020年）》强调“加强劳动教育，培养学生热爱劳动、热爱劳动人民的情感”。2015 年，教育部联合共青团中央、全国少工委印发了《教育部、共青团中央、全国少工委关于加强中小学劳动教育的意见》，旨在通过劳动教育，提高广大中小学生的劳动素养，促成他们形成良好的劳动习惯和积极的劳动态度，培养他们勤奋学习、自觉劳动、勇于创造的精神，为他们终身发展和人生幸福奠定基础。2015 年 12 月 27 日，第十二届全国人大常委会第十八次会议表决通过了关于修改《中华人民共和国教育法》《中华人民共和国高等教育法》的决定。新版《高等教育法》第四条新增了“为人民服务”与“生产劳动和社会实践”

相结合等内容；第五条关于高等教育任务的表述中增加了“社会责任感”的要求。这一修订体现了与时俱进的法治精神，彰显了我国高等教育的价值取向，引领了高等教育改革发展的未来。

2020 年 3 月，中共中央、国务院印发了《中共中央、国务院关于全面加强新时代大中小学劳动教育的意见》（以下简称《意见》）。《意见》要求，大学要站在新时代培养德智体美劳全面发展的社会主义建设者和接班人的高度，充分认识新时代培养社会主义建设者和接班人对加强劳动教育的新要求，坚持立德树人，把劳动教育纳入人才培养全过程，根据学生的特点，引导学生树立正确的劳动观，培养担当民族复兴大任的时代新人。

第四节　劳动教育的价值与作用

一、劳动教育的时代价值

价值本身是一种指向性的存在，是主体评价其他个体的尺度。价值存在的意义是表明了人类社会发展过程中个体需要什么和需要的程度，同时又使个体认清当下社会能够满足哪些需要以及满足需要的最强执行力度。劳动教育的价值既包括劳动对社会发展的促进作用，又包括劳动对个体发展的教育意义。新时代，劳动教育有了新内涵、新语境和新意义，理应省思当下劳动教育的价值回归和推进路径，把握劳动教育的未来方向。

（一）劳动教育促进学生的身心解放

教育的本质就是人的解放。解放，即使人恢复被遮蔽的人性并重获自由，进而成为一个真正有意义的、具有独立意识的完整的人。学生的身心解放意味着学生对自身被“奴役”状态的意识和醒悟。劳动教育既包括人对自然的改造和适应，也包括有机体能力的意义表征，通过教育与生产劳动的结合，学生在增强体质的同时提高自身精神境界，获得身心二元的解放。随着新时代科技的不断发展，人工智能逐渐取代身体劳动，人类对技术理性与专业发展的畸形追求，使人沉溺于被技术改造过的便捷安逸的生活之中，学生生活逐渐偏离自然本性。学生通过眼睛看和耳朵听的确可以获得一定的信息，但这种方式获得的信息远远不及学生亲自动手操作来得深刻。劳动教育为学生恢复本真、回归自然搭建了平台，使学生与自然重新建立联系，解决过去教育中学生手、脑“割裂”的窘境，实现身、心的解放。劳动教育在身体力行的、主动的劳动实践中充分开发个体的身体官能，尊重人与自然的客观规律的同时思考人与自然、社会的共生关系，培养学生的创新精神和批判意识，使其从一个教育过程中的“被压迫者”成长为身心力量得到全面解放的人。

（二）劳动教育培养学生的完满德性

完满德性的本质是具备认知之真、伦理之善和人性之美的能力。德性是人作为完满生物的标志。德性有内外之分，外在德性指人在理性控制下的交往关系中对真和善的合理满足；内在德性指的是人对崇高的、丰满的、美的精神境界的执着追求。劳动教育反映着人与自然、人与世界的认知之真。一方面，劳动将个人的实践转化为新的知识与技能；另一方面，其又通过新知识与技能的反思和强化反哺于新的实践过程，使理论与实践相互验证。劳动教育蕴含着新时代的伦理之善，集中体现在与他人交往、关心他人、承担社会责任等方面。通过引导学生进入真实的劳动世界，为学生提供与他人协作的平台和关心他人的契机，学生学会处理矛盾、团结合作、承担行为带来的后果等。劳动教育指向人性之美。人性之美包括自我承认的获得和自我意识的形成。通过具体而真切的劳动过程产生相应的劳动成果，承认人之所以为人的本质和价值，个体获得自我承认的同时也获得他人认可，这是一个双向承认的过程。物化的或是精神化的劳动成果带来的自豪感促进个体自我意识的形成，使个体在自由与美的创造性劳动中凸显个性和意识。劳动教育的价值追求之一就是在实践中挖掘德性的教化意义，涵养德性的品质，使学生形成完满的德性。通过丰富的劳动教育情境，学生能感知什么可为、什么不可为的道德准则，懂得真与假、善与恶、美与丑之间的思想界限，学会遵守道德准则，捍卫道德尊严，形成完满德性。

（三）劳动教育塑造学生的工匠精神

工匠精神是时代的财富象征，表现在具体的人身上就是人的核心竞争力。新时代的工匠精神既是微观上的“匠心、匠德”，也是宏观上“民心、民德”。新时代工匠精神的理念体现在“一丝不苟的认真态度、精益求精的质量意识、追求卓越的创新精神”方面。一丝不苟的认真态度是培养工匠精神的基础。劳动教育的实践性为培养这种态度提供了平台，通过具体的实践培养学生认真观察、仔细分辨的意识和谨慎行动、严谨求证的能力，使其具备认真负责、务实求真的态度。精益求精的质量意识是形成工匠精神的关键。劳动教育是一种理论与实践相互验证的过程，通过有意识、有目的地指导学生开展手、脑结合的实践，学生在认真负责的同时，力求更加出色、更加完美地完成任务，将事情做到极致。追求卓越的创新精神是塑造工匠精神的核心。劳动教育的实践过程能够促进学生对劳动工具的改造和劳动方式的思考，使学生学会从事物的本质看待深层次的问题，产生思维的碰撞，形成创新的意识。劳动教育促使学生摒弃浮躁与功利情绪，消除好逸恶劳的思想，避免道德滑坡；教会学生脚踏实地、精益求精、开拓进取，形成大国工匠精神，成为新时代社会结构中不可或缺的知识型、技能型、创造型合金人才。

二、劳动教育的作用

教育与生产劳动相结合是社会主义学校教育的基本原则。劳动教育是实现学校培养目标的重要途径和内容，具有重要而独特的教育作用。

（一）劳动教育对大学生确证自我具有重要的作用

大学生正处于身心成长的重要时期，劳动作为沟通主观与客观的中介，有助于大学生的主观精神获得全面成长。

1. 劳动教育有助于大学生自我价值的生成

人的自我价值是人的活动对自身需要的满足，包括物质性、精神性和能力性三个方面。人通过对象化劳动，在改造自然界和社会关系的过程中，真正地证明自己是有意识的类存在物。在劳动过程中，大学生可以直接获得一定的劳动成果，感受到自身作为改造客观世界的主体的存在价值。在有意识地改造自然界和社会关系的过程中，人体现了区别于动物的意识能动性以及追求梦想的主动创造精神。

2. 劳动教育有助于大学生正确认识人与自然、人与人的社会关系

在劳动过程中，主体作用于客体，塑造和形成一定的人与自然以及人与人的社会关系，如共同的劳动关系。人通过为他人服务获得自我价值的承认和肯定。黑格尔曾说：“个体满足他自己的需要的劳动，既是他自己的需要的满足，同样也是对其他个体的需要的一个满足，并且一个个体要满足他的需要，就只能通过别的个体的劳动才能达到满足的目的。”通过劳动教育，大学生可以体验人自身的力量，感受到主体的自我价值和社会价值，从而从根本上确证现实社会关系中的自我。

（二）劳动教育对大学生形成正确的生活态度具有重要的作用

大学生正处于世界观、价值观和人生观形成的重要时期，还没有完全形成

对人生的深刻体验和感悟。通过劳动教育，大学生在获取和支配财富的问题上更为理性和理智，更为崇尚劳动、崇尚创造。财富从根本上来源于人类的劳动，而并非来源于任何的投机取巧。通过劳动教育，大学生能够形成正确的财富观。财富与道德之间存在内在的逻辑关联，劳动教育也有助于提升大学生伦理思维与道德价值选择的能力。道德的基础是特定的利益关系，对待财富的态度直接影响着社会的道德状况。并非通过诚实劳动取得成果的现象，应该受到道义上的谴责，而不应该仅仅以最终的财富占有量来衡量其成功与否。其实，尊重劳动也就是尊重人类自身，是对人的本质力量的捍卫。

（三）劳动教育对大学生个性健康发展具有重要的作用

劳动教育有助于培养大学生尊重劳动和珍惜劳动成果的品质，使其亲身体验到“一粥一饭之不易，一丝一缕之艰辛”。在劳动的过程中，大学生可以养成吃苦耐劳的品格，学会团结协作，获得一定的劳动技能，得到直接的情感体验教育。劳动是人类自由自觉的有意识的活动，不仅仅展现了自然存在的尺度和需要，也蕴涵着“美的规律”。劳动创造了美的生活，也创造了美的感受。在劳动的过程中，劳动者获得的不仅仅是物化的成果，还获得审美的体验和愉悦的感受。劳动教育的根本目的不在于单纯地使人获得一定的劳动技能，而在于促进人的个性的健康和谐发展，发挥劳动教育对培养人的独特教育价值，从而促进人的全面发展。

第二章　新时代大学生劳动教育的内涵

日前，中共中央、国务院印发了《中共中央、国务院关于全面加强新时代大中小学劳动教育的意见》，要求“把劳动教育纳入人才培养全过程，贯通大中小学各学段，贯穿家庭、学校、社会各方面，与德育、智育、体育、美育相融合”，这为全面加强新时代大学生劳动教育提供了根本遵循。

第一节　新时代关于劳动的重要论述

一、重视劳动价值，弘扬劳动精神

“人类是劳动创造的，社会是劳动创造的。”这一论述立足于唯物史观，强调了劳动对人类的重要性，进一步指出无论时代条件如何变化，人类文明进步的历史事实都告诉人们，劳动不仅创造了人类，也是人类基本的实践活动和存在方式，还是人类生存和发展的最基本条件，更是人类创造物质财富和精神财富的基本途径。从马克思的“劳动创造了人本身”到“劳动是人类的本质活动”，既是对唯物史观劳动思想的继承与发展，也是“劳动是人类的本质活动”这一思想在新时代中国特色社会主义伟大事业中的生动体现。从这个意义上讲，新时代中国特色社会主义劳动思想是对马克思主义劳动哲学的继承和发展，是马克思主义中国化的最新成果，是新时代中国特色社会主义理论体系的重要组成部分。

党中央号召我们，要在全社会大力弘扬劳动光荣、知识崇高、人才宝贵、创造伟大的时代新风，促使全体社会成员弘扬劳动精神，推动全社会热爱劳动、投身劳动、爱岗敬业，为改革开放和社会主义现代化建设贡献智慧和力量。劳动模范和先进工作者、先进人物不仅要做好工作，而且要身体力行向全社会传播劳动精神和劳动观念，让勤奋做事、勤勉为人、勤劳致富在全社会蔚然成风。

特别是要通过各种措施和方式，教育引导广大青少年牢固树立热爱劳动的思想、牢固养成热爱劳动的习惯，为祖国发展培养一代又一代勤于劳动、善于劳动的高素质劳动者。

中国梦的实现需要全体中国人的共同努力。坚持实干兴邦，始终坚持和发展中国特色社会主义。只有在全社会牢固树立崇尚劳动、劳动光荣的“实干”精神，才能实现“兴邦”的伟大梦想。新时代中国特色社会主义劳动思想夯实了全民族“实干兴邦”的劳动实践观，鼓励以辛勤劳动、诚实劳动、创造性劳动成就伟大梦想。

二、尊重劳动者，弘扬劳模精神

劳动态度、劳动模范、劳模精神在中国特色社会主义事业中发挥着重要作用，全社会应始终弘扬劳模精神、劳动精神、工匠精神，为中国经济社会发展汇聚强大正能量，为实现中国梦提供“崇尚劳动”的价值引领。强调劳模精神，充分体现出党中央对劳动模范成绩的高度认可和殷殷关怀。在新时代，我们要大力弘扬劳模精神和工匠精神，营造劳动光荣的社会风尚和精益求精的敬业风气。

三、维护劳动者利益，构建和谐的劳动关系

劳动应以人为中心，重视劳动对劳动者自身的价值与作用。总体看来，新时代中国特色社会主义劳动思想的重要内涵之一就是“造福劳动者”，特别注重“共建”与“共享”的关系，即“国家建设是全体人民共同的事业，国家发展的过程也是全体人民共享成果的过程”，在共同建设的基础上，更要“实现好、维护好、发展好最广大人民的根本利益，特别是要实现好、维护好、发展好广大普通劳动者的根本利益”，让改革发展成果更多更公平惠及人民，坚持社会公平正义，排除阻碍劳动者参与发展、分享发展成果的障碍，努力让劳动者实现体面劳动、全面发展，这充分彰显了新时代中国特色社会主义劳动思想以人民为中心的本质特征，高扬了人的主体性。

“劳动是推动人类社会进步的根本力量”“劳动是一切成功的必由之路”。应该讲，劳动不仅创造了人类，而且创造了社会，并推动着社会历史滚滚向前发展。正是站在这样的理论高度上，“人民创造历史，劳动开创未来”。从马克思认为“劳动是任何一个民族存在和发展的基础”到“劳动开创未来”，进一步揭示了劳动与社会发展的本质联系。所以，全面建成小康社会，建成富强、民主、文明、和谐、美丽的社会主义现代化国家，实现中华民族伟大复兴，根本上需要依靠劳动，依靠劳动者创造。

实现中华民族伟大复兴是中国未来的发展方向，而劳动则是实现社会发展、走向民族复兴的根本路径。这些既深刻阐释了依靠劳动实现发展的哲学意义，又揭示了劳动发展的本质所在，并赋予了丰富的时代内涵，重申和强调了劳动对于发展的历史价值和重要意义，丰富和发展了马克思主义劳动观。

党的十九大报告在对决胜全面建成小康社会做出部署的同时，明确了从2020年到21世纪中叶分两步走全面建设社会主义现代化国家的新目标。这一目标描绘了建成富强、民主、文明、和谐、美丽的社会主义现代化强国的宏伟蓝图，对新时代中国特色社会主义发展做出了战略安排。劳动是通向未来的必经之路，只有全国各族人民辛勤劳动、诚实劳动、创造性劳动，脚踏实地地劳动，才能描绘出更加绚丽多彩的美好未来，从而最终实现中华民族的伟大复兴。

第二节　新时代关于青少年树立劳动观的阐释

切实加强劳动教育，努力把广大青少年培养成勤于劳动、善于劳动、热爱劳动的高素质劳动者，是新时代党和国家对教育的根本要求。党中央号召我们，要全面建成小康社会，进而建成富强、民主、文明、和谐的社会主义现代化国家，实现中华民族伟大复兴，必须依靠知识，必须依靠劳动，必须依靠广大青年。这是我们国家和民族发展的力量所在，也是我们事业成功的力量所在。“青年强则国家强，青年一代有理想、有本领、有担当，国家就有前途，民族就有希望”，这集中体现为“劳动四最”的新时代劳动价值观，构成了新时代青少年劳动素养培养的核心内涵。

要在全社会大力弘扬我国工人阶级的优秀品质，大力宣传劳动模范和其他典型的先进事迹，加强对广大青少年的教育，让劳动最光荣、劳动最崇高、劳动最伟大、劳动最美丽的观念蔚然成风，让全体人民进一步焕发劳动热情、释放创造潜能，通过劳动创造更加美好的生活，这也是党中央向全社会发出的尊敬劳动模范、弘扬劳模精神的伟大号召。

而要在学生中弘扬劳动精神，教育引导学生崇尚劳动、尊重劳动，懂得劳动最光荣、劳动最崇高、劳动最伟大、劳动最美丽的道理，长大后能够辛勤劳动、诚实劳动、创造性劳动，这更是党中央对广大青少年的殷殷寄语。

劳动“四最”既是相互联系、有机统一的整体，昭示了新时代劳动精神的价值指向，激励了新时代劳动者积极投身劳动，以劳动共筑美好新时代；又具有不同的价值意蕴，即劳动奉献最光荣、劳动人民最崇高、劳动实践最伟大、劳动创造最美丽。

一、劳动奉献最光荣

“劳动奉献”反映的是处理个人利益和集体利益、局部利益和全局利益、眼前利益和长远利益的关系时采取舍己为人、无私奉献的价值导向。作为一种主观感受，“劳动奉献最光荣”彰显了每个劳动者美好的价值追求。当人们的劳动价值得以实现、言论得到认同、行为得到效仿、需要得到满足时，由此产生的欣慰、自豪、荣耀的自我积极心理体验会激发劳动者以更大的热情投入社会劳动，从而创造更高的价值。作为一种价值观念，“劳动奉献最光荣”代表了全体劳动者应有的价值立场。弘扬劳动精神就是要发扬无私奉献的精神和服务他人的意识，培育社会主义核心价值观，同各种好逸恶劳的错误思想彻底割裂开来，时刻警惕不劳而获、投机取巧、贪图享乐等错误观念。作为一种社会风尚，“劳动奉献最光荣”是整个社会对劳动及其成果的价值评价。唯有在“劳动奉献最光荣”涌动的社会思潮下，新时代劳动精神才能发挥出凝聚人心、引领风尚和激励先进的巨大作用。

二、劳动人民最崇高

党的十九大报告指出，人民是历史的创造者，是决定党和国家前途命运的根本力量。劳动人民是国家的主人，人民群众中蕴藏着无尽的智慧和力量。劳动人民既是历史的创造者，也是劳动精神的创造者，更是新时代劳动精神的开拓者。“人民是历史的创造者，是推动我国经济社会发展的基本力量和基本依靠。”全体劳动人民都是历史的见证者、参与者和创造者，崇高的劳动精神来自崇高的劳动人民。对历史发展和社会进步做出杰出贡献的劳动人民最崇高，新时代劳动者是全面建成小康社会、坚持和发展新时代中国特色社会主义的主力军，同时也是劳动精神的忠诚继承者和坚定发扬者。新时代劳动精神始终以人民为中心，一切为了人民实现美好生活，一切依靠劳动人民创造历史伟业。劳动人民对美好生活的需要是推动社会历史不断前进的根本动力，新时代劳动精神的根本出发点和落脚点在于实现好、维护好、发展好广大普通劳动者的根本利益，实现共建与共享统一。

三、劳动实践最伟大

习近平总书记强调：“人类的美好理想，都不可能唾手可得，都离不开筚路蓝缕、手胼足胝的艰苦奋斗。”新时代劳动精神应贯彻到进行伟大斗争、建设伟大工程、推进伟大事业、实现伟大梦想的全过程。

首先，伟大梦想必须经由劳动实现。实现中华民族伟大复兴的伟大梦想需要伟大的劳动精神做支撑。“伟大梦想不是等得来、喊得来的，而是拼出来、干出来的。”实现伟大梦想，就要弘扬这种伟大的新时代劳动精神，增强团结一心的精神纽带、自强不息的精神动力，永远朝气蓬勃地迈向未来。

其次，伟大斗争必须依靠劳动进行。“我们国家的发展前景十分光明，但道路不可能一帆风顺，蓝图不可能一蹴而就，梦想不可能一夜成真。”当前，改革发展任务之重、矛盾风险挑战之多、治国理政考验之大都是前所未有的，我国越发展壮大，遇到的阻力和压力就会越大，这要求我们以一种勇立潮头、走在前列的勇气，一种冲开绝壁、夺隘而出的锐气，投身改革创新的时代潮流，坚决破除一切顽瘴痼疾，通过调整生产关系激发社会创造活力，让中国特色社会主义迸发生机与活力。

再次，伟大工程必须通过劳动建设。“劳动，是共产党人保持政治本色的重要途径，是共产党人保持政治肌体健康的重要手段，也是共产党人发扬优良作风、自觉抵御‘四风’的重要保障。”推进党的建设的新的伟大工程，必须始终坚持艰苦奋斗的优良传统，党员干部要带头弘扬劳动精神，发扬艰苦奋斗之风，增强同劳动人民的感情，真正地深入群众、发动群众、组织群众、带领群众，在各自岗位上勤勉工作，做出经得起历史和人民检验的实绩。

最后，伟大事业必须根据劳动推进。“我们所处的时代是催人奋进的伟大时代，我们进行的事业是前无古人的伟大事业，我们正在从事的中国特色社会主义事业是全体人民的共同事业。”新时代劳动精神是激励全党全国各族人民奋勇前进的强大现实力量，功崇唯志，业广唯勤，一砖一瓦方能砌成中国特色社会主义事业大厦，一点一滴才能创造人民美好幸福生活。

四、劳动创造最美丽

“艺术对象创造出懂得艺术和能够欣赏美的大众——任何其他产品也都是这样。因此，生产不仅为主体生产对象，而且也为对象生产主体。”马克思在《1844 年经济学哲学手稿》中指出：“忧心忡忡的穷人甚至对最美丽的景色都没有什么感觉；贩卖矿物的商人只看到矿物的商业价值，而看不到矿物的美和特性；他们没有矿物学的感觉。”劳动是人按照人的本质、美的规律改造世界的过程，因此劳动是最能体现人的本质力量和审美精神的实践活动。

新时代生机勃勃、充满活力，中国共产党团结带领全体人民共谋国家富强，全国各族人民勠力同心建设社会主义现代化强国，不断开创历史新局面。新时代劳动精神本身凝聚着劳动之美，且蕴含在崇高的道德境界和高尚的道德情操之中，“最美乡村教师”“最美乡村医生”“最美消防员”等无数新时代奋斗者，都在平凡的岗位上成就着不凡的人生，在劳动奉献中实现了人生价值并领悟劳动精神的美。

在完成“两个一百年”奋斗目标和实现中华民族伟大复兴的中国梦的征程中，推崇劳动、加强劳动教育已成为新时代的必然要求，具有重大的现实意义。劳动不仅创造了人类，也是人类的本质特征和存在方式，并推动着社会历史滚滚向前发展。

第三节 新时代大学生劳动教育思想的背景与内涵

一、新时代大学生劳动教育新思想提出的背景

习近平新时代中国特色社会主义思想是中国共产党在坚持马克思列宁主义、毛泽东思想、邓小平理论、“三个代表”重要思想、科学发展观的基础上，结合解放思想、实事求是、与时俱进、求真务实的时代特征，以全新的视野深化对共产党执政、社会主义建设规律、人类社会发展规律的认识，进行不断研究与深化而形成的。

习近平新时代中国特色社会主义思想中的“劳动观”深刻体现了以习近平同志为核心的党中央对劳动人民的重视与关切。现今我国的主要矛盾已经转换为人民日益增长的美好生活需要和不平衡不充分的发展之间的矛盾。随着我国现阶段社会主要矛盾的变化，劳动关系在生产关系中也发生着变化，我国劳动力、人才培养与发展也面临新的挑战，人们的劳动观念和劳动过程也向技术化、科学化方向发展，这一系列的转变充分彰显了习近平新时代中国特色社会主义思想中的“劳动观”始终与人民群众保持密切联系，顺应了时代所需并为新的问题解决提供了方法论与世界观。

二、新时代大学生劳动教育的新内涵和新要求

（一）新时代大学生劳动教育的新内涵

1. 在劳动理念的树立上，要与时俱进

回顾我国劳动教育的发展历程，早期的劳动教育是以生产为目标的实践形式。中华人民共和国成立后，中国共产党提出了“教育必须同生产劳动相结合”，这一教育方针提高了劳动者的地位，增强了学校教育的实践性。进入 21 世纪

以后，劳动的时代内涵得到拓展，从“教育与生产劳动相结合”变为“教育与生产劳动和社会实践相结合”，外延的变化导致了劳动教育的内涵模糊不清，这在一定程度上凸显出重技术之维忽视人本之维。随着科学技术的飞速发展，脑力劳动、服务性劳动、创造性劳动形态的作用日益重要。因此，劳动教育的理念也要与时俱进，劳动教育要紧紧围绕新的劳动观，坚持以实现人的全面发展为目标，坚持“五育并举”的教育方针。

2. 在目的的取向上，注重服务社会和自身发展相结合

反思我国劳动教育的目的，总是受到社会发展的制约和控制，缺乏从学生自身发展出发考虑的意识。“新时代中国特色社会主义劳动教育的目的是培养能够具有劳动知识、劳动技术素养、劳动精神、工匠精神，辛勤劳动、诚实劳动、创造性劳动的德智体美劳全面发展的社会主义建设者和接班人。”大学生劳动教育的目的就是在教育教学体系下，学生通过劳动培养品德、增长智慧、强身健体，实现个人的全面发展，为成为合格的社会主义建设者和接班人做准备。

3. 在目标的确立上，注重显性目标和隐性目标相结合

大学生劳动教育的目标是通过学校课程、实践活动、生活劳动等教育，使学生收获技能或产品，获得价值观、品行上的收获，从而实现树德、增智、健体、育美、创新的育人价值。此目标中，收获技能或产品是劳动教育的显性成果，价值观等精神涵养的收获是隐性成果，大学生劳动教育的着眼点始终是全面提升学生的劳动素养。

4. 在原则的确定上，始终围绕人才培养目标

首先，劳动教育要遵循社会主义方向，为培养社会主义建设者和接班人服务；其次，劳动教育要为学生的全面发展服务，通过劳动教育，调动学生的主观能动性，发挥学生的创造性，实现全面发展；再次，劳动教育要遵循客观实际的原则，充分考虑学生的实际情况以及学校的办学条件等主客观因素，探索最适合的劳动教育模式；最后，劳动教育要遵循理论与实践相结合的原则。只有让学生将所学运用到生活中，才能够更好地激发学生的学习兴趣，才能避免出现读“死书”的现象。

5. 在内容的设置上，秉承发展的内容观

在过去，学校的劳动教育主要围绕生产性和技术性的内容，随着劳动形态的不断变革，之前的劳动教育内容在新时代背景下受到了严峻的挑战。生产与技术、知识与价值、信息与文化、时间与空间等劳动要件的耦合比任何时代都

更加复杂、更加多样。这些变化要求新时代大学生的劳动教育必须秉承一种发展的内容观，这样才能更好地实现教育目标。新时代大学生的劳动教育内容应包括劳动思想教育、劳动技能培育和劳动实践锻炼。

（1）劳动思想教育

劳动思想教育包含了劳动价值观教育、劳动态度教育、劳动品德教育。在劳动价值观的教育中，要让学生体会并认同劳动的光荣、崇高、伟大和美丽；在劳动态度的教育中，除了要让学生热爱劳动，同时要让学生有辛勤劳动的态度；在劳动品德教育中，重点让学生理解劳动没有贵贱之分，所有的劳动者都是社会主义建设的奋斗者，都是值得尊重的，同时要让学生养成诚实劳动的品德。

（2）劳动技能培育

劳动技能培育主要是以专业知识的学习为基础，让学生掌握相关技能，为以后更好地就业、更好地建设祖国做准备。但是在接受专业知识和技能学习的同时，还要进行相关劳动科学的学习。

（3）劳动实践锻炼

劳动实践锻炼的主要形式是社会实践活动，学生可以利用课余时间和寒暑假时间开展包括志愿服务、感恩母校、勤工俭学等形式的劳动活动，在实践中体会劳动的辛苦，获取成功的喜悦。

6. 在路径的选择上，要充分发挥个人、家庭、学校、社会的联动作用

（1）在个人层面上

学生要深入学习新时代习近平总书记对劳动教育的阐述，深入理解劳动对于个人成长成才的重要作用，主动探索劳动教育的形式，主动参与各类劳动教育活动。

（2）在家庭层面上

父母要摒弃以成绩作为衡量孩子是否成才的唯一标准的错误观点，要培养孩子自立自强的优良品质，给孩子创造更多劳动的机会和体验，让孩子在劳动中建立对劳动者的尊敬之情、对来之不易的劳动成果的珍惜之情。

（3）在学校层面上

在学校层面，单一的劳动教育实践难以实现新时代大学生劳动教育的目标，因此，学校应探索出劳动教育在课程和活动等方面有机整合的道路，形成直接劳动与间接劳动、学科劳动与活动劳动、个人劳动与集体劳动、校内劳动与校外劳动等劳动教育形态充分融合的教育体系。

（4）在社会层面上

在社会层面上，社会要努力营造一种人人爱劳动、劳动最光荣的良好氛围，并大力树立杰出劳动者的榜样典型，尤其是宣扬学生身边的人物事迹，让学生产生情感上的共鸣。通过正能量的传递，热爱劳动、尊重劳动、珍惜劳动成果的观念深入人心。

7. 在保障的确立上，要注重内外部保障因素相统一

新时代大学生劳动教育的实施需要内外部保障因素的保驾护航。内部因素包括从事劳动教育的教师的教学能力、学校劳动课程的设置、劳动教育的评价体系，外部因素包括社会环境和家庭氛围。高校在师资队伍保障方面，应通过自学、培训、交流等多种方式，不断更新教师的劳动教育观念，让新的劳动教育理念能及时内化到教师原有的知识结构中，使教师认同并愿意投入劳动教育中；在组织条件方面，要将劳动教育纳入课程体系，开设专门的劳动课，以第二课堂为载体，开展劳动实践活动等，充分发挥劳动教育的隐性作用；在评价体系方面，要建立包含教育主体和教育客体双方面的评价指标；在教师层面，要明确教师的考核办法，将劳动教育的考核结果纳入教师的评级中；在学生层面，要将学生劳动教育的成绩纳入学生的综合素质测评，并将其作为评先评优的重要指标；在社会环境的保障方面，要营造劳动教育的良好氛围，借助对劳动精神的宣传，展现中华儿女艰苦奋斗、自力更生的风采。

（二）新时代大学生劳动教育的新要求

1. 充分认识大学生劳动教育对培养合格的社会主义建设者和接班人的重要作用

大学生是推动社会进步的最强大的力量，在学校享用最优质的教育资源，接受最前沿的科学文化教育，毕业后就要投身社会主义的建设中去。但是，现在高校的一些大学生养尊处优，娇生惯养，惰于劳动，劳动意识淡薄，也不能很好地掌握劳动技能，甚至毕业后还处于“啃老”状态。中国梦是要靠全国人民诚实劳动、辛勤劳动来实现的，因此，对大学生进行劳动教育是社会主义建设亟须解决的问题，新时代大学生劳动教育要认识到这一重要性。

2. 深刻理解大学生劳动教育对推进素质教育的积极意义

尽管素质教育在我国推行了很多年，但是在目前的教育体制下，重智轻德体美劳的问题仍然很普遍，尤其是劳动教育，越来越流于形式。但是劳动教育对于人的全面发展有着重大意义，对于大学生来说，可以在劳动教育中培养吃

苦耐劳的品质，可以在劳动教育中提升职业能力，可以在劳动中培育创新创业能力等，因此，劳动教育可以更好地推动素质教育的发展。

3. 充分肯定大学生劳动教育是学生创新能力培养的重要途径

创新是国家发展的强大动力。大学生作为国家建设的生力军，必须具备创新思维和创新能力。劳动教育为学生实践创新提供了载体，大学生可以在参加劳动教育的过程中发现问题、提出问题、分析问题、解决问题，促进自身创新能力的发展。

4. 牢牢把握大学生劳动教育与中小学劳动教育的区别与联系

大学生的劳动教育是中小学劳动教育的继承和延续。劳动教育应贯穿学生学习生涯的始终。大学生劳动教育与中小学劳动教育最大的区别是专业教育，学生通过专业课的学习更好地就业，为走向社会做准备。而且，大学生的劳动教育可以将专业知识的学习与实践学习相结合，劳动教育与思想教育相结合，劳动教育与创新创业教育相结合。

5. 体会德智体美劳的辩证关系

回顾我国的教育方针，劳动教育曾一度失去独立地位。党的十八大后，德智体美劳的教育方针有了新的表述，这说明这五个方面既有联系又有区别，不可相互替代。学生在劳动教育中形成了优良的品德和价值观，这也是德育的内容；学生在劳动过程中创造的劳动成果也是美育的一部分；学生在劳动过程中强身健体又实现了体育的目标。因此，劳动教育与其他四个方面相互促进。

第四节　新时代大学生劳动教育的不同层面、特征与目标

一、新时代大学生劳动教育的不同层面

（一）劳动价值观教育层面：引导大学生树立马克思主义劳动观

与中小学的劳动教育相比，面向大学生的劳动教育要将大学生作为“准劳动者”看待，要在教育学生爱劳动的基础上，引导学生懂劳动，明劳动之理，深刻认识劳动之于社会发展和人的全面发展的重要意义。对此，新时代大学生劳动教育在劳动价值观方面必须坚持以马克思主义劳动观为指导，引导大学生牢固树立“四个最”的劳动价值观，这是新时代大学生劳动教育的主要使命。

在人类发展史上，马克思主义的伟大之处在于发现和强调劳动的作用，指

明了劳动在促进人们发展自身、改变命运、创造美好生活中的重要价值。马克思以前的许多西方哲学家和思想家在探讨劳动时未能把握住劳动的本质，无法澄清劳动在人类社会发展过程中的地位。古希腊时期，劳动是卑劣的，亚里士多德将人定义为政治动物，认为劳动是奴隶的职能，这种轻视劳动的态度直到近代才有所转变。近代以来，随着资本主义经济的发展，国民经济学家看到了劳动与财富的关系，认为劳动是创造财富的手段并将创造财富作为劳动的根本目的，忽视了人本身的生命活动。黑格尔发现了劳动和人的主体意识的关系，虽然他只将劳动看作一种抽象的精神活动，但劳动开始被赋予积极的意义。直到马克思那里，劳动的本质和意义才得以揭示，马克思深入研究劳动在人类社会发展中的作用，深刻地指出劳动是人类最基本、最普遍的实践活动，是人和人类社会存在和发展的基础。马克思将劳动作为人的本质活动，认为人们在劳动中，不仅创造了物质生活资料，还创造了人本身与人的社会关系。

正确的劳动价值观是大学生受益终生的宝贵财富。“大学生的劳动价值观不仅直接影响其大学阶段学习生活的方方面面，更关系到其走向工作岗位以后的价值取向、就业倾向、社会责任等方面的精神特质。”换言之，正确的劳动价值观不仅是大学生在校期间成长成才的动力支撑，更是大学生步入社会后指引其职业发展和日常生活的精神灯塔。习近平总书记在纪念五四运动一百周年大会上强调，新时代中国青年要树立远大理想、热爱伟大祖国、担当时代责任、勇于砥砺奋斗、练就过硬本领、锤炼品德修为。可以说，这些对新时代青年的要求无一不与劳动有着密切的关系。青年的理想信念在劳动中升华，青年的爱国情怀在劳动中兑现，青年的时代责任在劳动中承担，青年的奋斗精神在劳动中养成，青年的过硬本领在劳动中练就，青年的品德修为也需要劳动的打磨。正因如此，新时代大学生劳动教育必须引导学生树立马克思主义劳动观，这样才能使大学生由衷认同“四个最”的劳动价值观，促使大学生在劳动中感受快乐、点亮青春、放飞梦想。

（二）劳动精神教育层面：重点培养大学生的劳动创新精神

党的十八大以来，习近平总书记多次强调要在全社会弘扬劳动精神，《意见》进一步明确了劳动精神的内涵，将其凝练为勤俭、奋斗、创新和奉献。在对高校学生的要求中，《意见》尤其强调了要注重大学生创新精神的培养，指出“高等学校要注重围绕创新创业，结合学科和专业积极开展实习实训、专业服务、社会实践、勤工助学等，重视新知识、新技术、新工艺、新方法的运用，创造性地解决实际问题”。

一方面，注重创新精神的培养是与学生的身心发展规律相适应的。大学生正处于智力、创造力、思维能力各方面素质发展的巅峰时期，这就要求劳动教育主动抓住教育机遇，将劳动教育从技能训练提升到创新能力的培养上来。另一方面，注重创新精神的培养也是由社会发展趋势及其赋予大学生的时代使命决定的。新时代，劳动与科技、知识的联系日益紧密，劳动的智慧性、智能性日趋增强。尤其自人工智能概念诞生以来，有关人类智能和人工智能关系的讨论就未曾停歇过。随着人工智能技术的开发和向社会生产领域的转化，人们对“机器替代人”的焦虑日益加深，这归根结底在于科技的高度发展给人类劳动乃至人类前途命运带来强烈的威胁感。从工业 1.0 到工业 4.0 的发展历史证明了，人机关系的焦虑并不会影响科技发展的速度，相反，人类日益认识到科学技术的重要性。与此同时，我国产业结构调整所带来的短暂性结构性失业问题开始露出痕迹，众多企业也释放出了关于裁减重复性、低技能型工作人员的信号，劳动力市场上对创新性人才的求贤若渴，更给予了青年大学生更加清晰的职业规划和发展前景。在此背景下，青年大学生只有提高创新能力才能适应国家和社会发展需求，才能更加充分地施展才华和竞展风采。青年大学生“是社会上最富活力、最具创造性的群体，理应走在创新创造前列”。青年大学生只有练就过硬本领，才能以真才实学服务人民，以创新创造贡献国家。正因如此，新时代对大学生劳动教育提出了更高的要求，要通过劳动教育增强劳动和创新对大学生的吸引力，培养知识型、技能型、创新型的劳动者。

（三）劳动态度教育层面：引导大学生养成诚实劳动的态度

大学生正处于世界观、人生观、价值观形成和稳定的“黄金期”，同时又处于思想最为活跃、善于猎奇和充满不确定性的“危险期”，尤其需要教育工作者的有效引导。新时代，随着劳动的自主性、市场化程度逐渐加深，在孕育出新的发展机遇的同时也带来了前所未有的挑战。例如，在新冠肺炎疫情期间，一些青年人为了攫取不当利益生产和销售劣质口罩被依法惩处。又如，近年来频频发生的学术造假事件也是典型的不诚实劳动的表现。这些现象都在呼吁劳动教育对大学生诚实劳动态度的培养。

习近平总书记反复强调，“人世间的美好梦想，只有通过诚实劳动才能实现；发展中的各种难题，只有通过诚实劳动才能破解；生命里的一切辉煌，只有通过诚实劳动才能铸就”。实践充分证明了，一切不劳而获、少劳多获带来的幸福都是一时的、虚幻的，在时间和生活的考验中终将成为泡影。诚实劳动不仅是教育问题，同时也是法律问题。生活中不诚实的劳动不仅会触及社会公德的底线，还可能逾越法律规范的红线。习近平总书记告诫青年大学生：“用勤劳的双手和诚实的劳动创造美好生活，拒绝投机取巧、远离自作聪明。”在诱惑面前，一切懒惰心理、侥幸心理、贪婪心理，一旦付诸实践后都会付出惨痛的代价。大学生是劳动力市场的后备军，对国家发展的前途命运负有更加特殊的责任。正所谓“青年兴则国家兴，青年强则国家强，青年一代有理想、有本领、有担当，国家就有前途，民族就有希望”。从这个意义上说，大学生们做到诚实劳动不仅是养成劳动态度的重要方面，更是打造诚实守信的社会风尚和规范社会主义市场发展秩序的重要保障。新时代，在劳动态度教育方面要更加突出培养大学生诚实劳动的态度，用端正的态度为其指明人生道路的方向，为其成长成才奠定坚实的基础。

（四）劳动品质教育层面：激发大学生实干兴邦的家国情怀

新时代，大学生“生逢其时，也重任在肩”，这就要求我们在劳动教育中帮助大学生厘清“为谁劳动”的问题。面对学生在学习、生活、就业等方面的压力，过去的劳动教育由于缺乏明确的价值引领，更多地将劳动局限于生产劳动，片面关注劳动的生产性价值，因而未能有效地解决大学生的思想困惑和精神困顿。新时代大学生劳动教育要立意高远，着重培养大学生实干兴邦的家国情怀，激励大学生在奋斗和奉献中为社会主义现代化建设添砖加瓦。

《意见》指出，新时代劳动教育要帮助大学生“树立正确择业观，具有到艰苦地区和行业工作的奋斗精神，懂得空谈误国、实干兴邦的深刻道理；注重培育公共服务意识，使学生具有面对重大疫情、灾害等危机主动作为的奉献精神”。新时代，家国情怀是连接家庭、社会、国家的坚韧纽带，表现为社会成员对家庭幸福、社会和谐、国家富强的责任感和使命感。在劳动教育中激发大学生实干兴邦的家国情怀，根本任务就是要引导大学生将个人的前途命运和国家民族的发展方向结合起来，以实现中国梦为精神支撑，以实现个人梦为现实动力。

在日常生活中，大学生因爱好、能力、机遇等各方面的差异，在人生目标的确立和职业道路的选择上必然会存在着很大的不同。除此之外，大学生在人生前进的道路上，必然会遇到摇摆不定、艰苦困难的时刻。每当这个时候，国家和人民都是大学生的坚强后盾和坚硬铠甲，只有心有“大我”，才能发挥出披荆斩棘、渡过难关的强大力量。相反，孤芳自赏的人生是狭隘的，在困难面前往往是无助的。一个心中没有祖国的青年，就等于失去了立身之本和成才之基，失去了检视自我和反省自身的镜子，如同汪洋大海中一艘迷失破落的小船，难以经受住大风大浪的考验。新时代劳动教育要引导大学生与时代同步伐，与人民共命运，在日常生活劳动、生产劳动、服务性劳动中与国家休戚与共，与人民惺惺相惜，让浓厚的家国情怀化作心中的暖流，更好地实现人生价值、升华人生境界。

二、新时代大学生劳动教育的特征

新时代大学生劳动教育作为中国特色社会主义教育制度的重要内容，应在目标定位、内容体系、实施途径、落实方式、保障机制等方面进行系统的设计和规划，形成一个全员、全方位、全过程育人的劳动教育新格局。

（一）加强纵向衔接，各学段一体化系统设计

近年来，各地贯彻落实党的教育方针，在实践育人方面取得了一定成效。但是，劳动教育缺乏系统性、连续性和稳定性，教育目标不明确、内容陈旧、形式单一等问题比较突出。新时代大学生劳动教育坚持目标导向和问题导向，注意不同阶段劳动教育的渐进性，对各学段贯通设计，体现出系统性、科学性、时代性的特点。

在培养目标上，深度挖掘劳动教育独特的育人价值，构建进阶式一体化目标体系。《意见》规定，高校要培养学生的工匠精神和热爱劳动的态度，注重创新创业。在课程体系上，统一将劳动教育纳入高校的人才培养体系，整体构建“综合性、实践性、开放性、针对性的劳动教育课程体系”。在内容设置上，根据学生特点科学确定各阶段的课程内容。在劳动教育方式上，将知识、技能、观念、品格等劳动教育各要素综合贯穿于各个学段，针对不同学段学生的身心发育特点分层递进、螺旋上升。同时，强化考评和保障机制，切实为劳动教育提供政策支撑。

（二）促进横向贯通，独立设课与学科渗透教学有机结合

课程是落实教育目标的有效载体。在我国现有的课程体系中，德智体美劳教育发展不平衡、不全面，劳动教育课程地位较低。劳动教育课时经常被挪用，课程地位明显不足。一些学校存在一定的认识偏差，要么将劳动教育等同于一般性活动，只注重活动体验而忽视劳动素养培养；要么过分强调知识灌输，缺乏与实践的融合，现状不容乐观。新时代大学生劳动教育，需要明确劳动教育的课程地位，确保底线要求，开齐开足劳动教育课。

《意见》指出，要优化学校课程设置，开展劳动周、劳动月等以集体劳动为主的劳动教育。劳动教育具有综合性、开放性、实践性的特点，应在其他学

科教学中有机融入劳动教育内容。新时期应加强劳动教育课程建设，坚持独立设课与学科渗透相结合，打破学科之间、课堂内外、校园内外的边界，创新课程形态，完善劳动教育课程体系，充分实现课程育人的功能。

（三）拓宽实施渠道，强化家庭、学校、社会综合实施

由于对劳动教育的独特育人价值认识不足，当前的劳动教育还存在片面依赖学校的倾向，家庭、社会在劳动教育中的作用尚未充分发挥。现在大学生的家长多是出生于改革开放以后的独生子女，自身参与的劳动实践比较少，加上应试教育的精英化倾向，一些家长过分关注孩子的学业成绩，包办家务或是雇人代劳。社会上不劳而获、贪图享乐、崇尚暴富的思想有所蔓延。这些情况导致劳动教育在学校中被弱化，在家庭中被软化，在社会中被淡化。一些学生轻视劳动、不会劳动、不珍惜劳动成果、不尊重普通劳动者的现象时有出现。

新时代大学生劳动教育应积极构建家庭、学校、社会的责任链条，压实各主体责任，以学校为主阵地，统筹协调家庭和社会各方的资源，拓宽劳动教育渠道。其中，家庭在劳动教育中起基础作用，家庭通过日常生活中的劳动实践、生活技能展示、节假日社会劳动等鼓励孩子积极动手，掌握必要的家务劳动和生活技能，树立崇尚劳动的优良家风，引导孩子从小养成热爱劳动的好习惯；学校在劳动教育中起主导作用，应加强劳动教育课程建设，集中与分散结合灵活安排，使学生形成马克思主义劳动观，掌握必要的劳动技能；社会在劳动教育中起支持作用，政府、企业和社会团体应充分利用自有资源，通过开放实践场所、增加劳动体验等方式为学生参加多种多样的劳动教育提供保障。各方主体应相互补充，积极引导学生参与家务劳动、生产劳动、公益劳动、实习实训等劳动实践，努力画好劳动教育同心圆，形成齐抓共管、多方协同的劳动教育育人合力。

（四）深化产教融合，创新劳动教育模式

劳动教育的具身性在一定程度上决定着劳动教育质量。反观当前的劳动教育现状，各地、各学校劳动教育形式较为单调，课堂内以教师系统讲授劳动理论知识为主，课外校外劳动实践来源有限、类型相对单一，大多是来自社区、传统手工业或机械制造业中的传统劳动项目，与学生生活实际关联不够紧密，吸引力不够强大，尚不能充分调动学生主动参与劳动的热情。

新时代大学生劳动教育应深入推进高校与企业之间在劳动教育方面的融合，着力解决劳动教育缺抓手、缺载体、缺场景的突出问题，满足学生多样化的劳动实践需求。《意见》明确提出要“深化产教融合，改进劳动教育方式”，倡导通过共享、联建、创建等方式多措并举拓宽劳动教育实践场所，深度挖掘现代企业劳动教育新元素，创新体制机制，深化劳动教育实践课程，使劳动教育与新产业、新业态、新技术紧密结合，为学生在现代企业中参与劳动、实习实训搭建平台，使学生在具体的劳动实践中领悟劳动在社会发展中的作用，树立正确的劳动观念，激发创新意识，为未来的职业生涯做一定储备，增强劳动教育的时代性和针对性。

（五）依据各地实际，因地制宜

新时代，党和国家高度重视劳动教育，从国家发展战略的高度提出统一要求，增强劳动教育的规范性和计划性。但由于我国各地经济状况、教育水平不一，仅靠国家的统一管理较难实现劳动教育的落细落小落实，各地、各学校应积极转变观念，结合自身实际丰富劳动教育的实施路径。《意见》明确要求各地、各学校应结合当地自然、经济、文化等方面的条件，充分挖掘自身可利用的资源，宜工则工、宜农则农，因地制宜大胆探索多元化的劳动实践项目。比如，农村地区可以安排一些学农实践基地，城镇地区可以确认一批企事业单位和社会机构为学生提供劳动实践场所，学校可以完善劳动实践教室、实训基地建设，高等学校可以结合自身专业优势形成稳定的实习和劳动实践基地。可见，党和国家已经将新时代大学生劳动教育的软任务变成硬指标，详细绘制了劳动教育的资源图谱，切实提高了劳动教育实施的可行性和有效性。

三、新时代大学生劳动教育的目标

新时代党和国家高度重视劳动教育，把劳动纳入人才培养全过程，着力培养德智体美劳全面发展的社会主义建设者和接班人，积极引导大中小学生做有理想、有本领、有担当的时代新人，科学地回答了教育要“培养什么人”“怎样培养人”“为谁培养人”的根本问题，丰富了新时代中国特色社会主义教育目标体系，是深化教育改革、转变育人方式的重大举措。新时代大学生劳动教育的目标包括以下几方面。

（一）培养有崇高理想的时代新人

新时代劳动教育作为落实立德树人根本任务的有效载体，寓理想教育于劳动实践中，引导学生通过劳动实践认清劳动的本质、理解劳动的内涵，形成正确的世界观、人生观和价值观，增强社会责任感，将个人成长与国家发展相结合，把坚定马克思主义信念、树立共产主义远大理想和中国特色社会主义共同理想作为出发点和落脚点。

《意见》明确指出，劳动教育要鼓励学生通过“出力流汗、接受锻炼、磨炼意志”来形成正确的劳动价值观和良好的劳动品质，形成马克思主义劳动观；引导学生认可劳动、主动劳动，“牢固树立劳动最光荣、劳动最崇高、劳动最伟大、劳动最美丽的观念，体会劳动创造美好生活，体认劳动不分贵贱，热爱劳动，尊重普通劳动者，培养勤俭、奋斗、创新、奉献的劳动精神”；加强劳动精神、劳模精神、工匠精神熏陶，为学生提供依靠劳动实现远大理想和共同理想的价值典范；努力使学生在劳动实践中树立劳动意识、培养劳动情怀，养成热爱劳动、崇尚劳动、尊重普通劳动者的习惯，在劳动体验中涵养德行、升华人格，充分发挥其价值导向和综合育人功能。

（二）培养有专业本领的时代新人

伴随生产力的发展和社会的进步，社会分工日益细化，产业门类更加多元，劳动形态发生重大变革，劳动新业态、新样态日渐增多。时代的发展和劳动力结构的变化既为大学生施展才华、成长成才提供了广阔的空间，也对全面提高大学生的劳动素质提出了更高要求。新时代劳动教育把劳动与建设中国特色社会主义相联系，深刻印证了“社会主义是干出来的，新时代也是干出来的”“实干才能兴邦”的道理。习近平总书记明确指出，劳动者素质对一个国家、一个民族的发展至关重要。广大学生只有练就过硬本领，成为知识型、技能型、创新型的高素质劳动者，才能担当起社会主义建设的重任。新时代劳动教育以提升学生劳动素养、促进学生全面发展为培养目标，强调劳动者相关知识、技能、思维等的学习，“强化诚实合法劳动意识，培养科学精神，提高创造性劳动能力”“着力提升学生综合素质，促进学生全面发展、健康成长”。

（三）培养有责任担当的时代新人

依靠劳动为人类谋福利是马克思主义劳动观的重要思想。新时代承载新使命，新使命呼唤新担当。习近平总书记强调，要“培养担当民族复兴大任的时代新人”。在实现中华民族复兴的伟大新征程上，每位大学生都是书写者、创造者。《意见》为新时代劳动教育的实施描绘了设计蓝图，引导大学生理解、认同马克思主义劳动观和中国特色社会主义劳动教育实践，鼓励学生通过辛勤劳动、诚实劳动、创造性劳动以及职业体验和各种实习实训，在实践中学习，在担当中历练，在尽责中成长，强化使命担当，增强社会责任感和历史使命感。

《意见》明确要求，要“把准劳动教育价值取向，引导学生树立正确的劳动观，崇尚劳动、尊重劳动，增强对劳动人民的感情，报效国家，奉献社会；

树立正确的择业观，具有到艰苦地区和行业工作的奋斗精神，懂得空谈误国、实干兴邦的深刻道理，做新时代的奋进者、开拓者和奉献者”。理解新时代、适应新时代，才能引领新时代。站在新的历史方位，精准把握新时代劳动教育的内涵、特征和目标，增强劳动教育的实效性，促进大学生在热爱劳动、尊重劳动的社会氛围中健康成长，是顺应时代发展变化的应然之举，是培养德智体美劳全面发展的社会主义建设者和接班人的应有之义。

（四）培养与生产力要求相适应的人才

实施人才强国战略，主要目的是提升人才素质，形成一支满足现在及未来需要的高素质人才队伍，为建设社会主义现代化强国提供人才保障。新时代劳动教育的目标之一就是培养与生产力相适应、与职业相适应的人才，这是由高校的育人目标决定的，也必然成为大学生劳动教育的目标要求之一。

（五）培养好社会主义建设者与接班人

习近平在全国教育大会上强调：“我们的教育必须把培养社会主义建设者和接班人作为根本任务。”这个根本任务要求我们提升育人能力，实行“五育并举”，完善人才培养体系，健全人才培养机制。对于高校来说，完善劳动教育课程体系非常有必要。应根据大学生的劳动能力，结合新时代劳动教育的育人目标与高校的育人理念，以高校、学生为切入点，从劳动理论教学、劳动实践教学、学生劳动技能应用三个方面为高校提供具体可行的对策，从而达到增加高校劳动教育的比重、增强大学生劳动意识、提升大学生劳动能力的目的，为祖国培养好社会主义建设者与接班人。

第三章　新时代大学生劳动教育

本章阐述了新时代大学生劳动价值观、新时代大学生劳动素养、新时代高校劳动教育环境、新时代高校劳动教育课程四个方面，主要包括：新时代大学生劳动价值观的表现、新时代大学生劳动素养存在的问题、高校劳动教育环境存在的问题、高校劳动教育课程的构建等内容。

第一节　新时代大学生劳动价值观

一、新时代大学生劳动价值观的表现

“没有调查就没有发言权”，大学生劳动价值观的情况只有通过实际的调查分析之后才能得出结论。本章采取了实证研究的方法，以问卷调查的方式将定量与定性的研究相结合，问题涉及：大学生对于劳动含义的理解，大学生对劳动意义和目的、劳动分工、劳动成果、劳动人民的观念和态度等，旨在了解和掌握当下大学生劳动价值观的具体情况。

调查人数为 1000 人，发放问卷 1000 份，收回问卷 1000 份，有效问卷为 958 份，问卷有效率为 95.8%。本研究采用 SPSS11 系统对数据进行分析，在有效的 958 份问卷中，男生为 532 人，占调查总数的 55.53%，女生人数为 426 人，占调查总数的 44.47%。理科生人数为 404 人，占比 42.17%，文科生人数为 356 人，占比 37.16%，艺术类为 198 人，占比 20.67%。大一人数为 232 人，占比 24.22%，大二为 188 人，占比 19.62%，大三为 209 人，占比 21.82%，大四为 178 人，占比 18.58%，研究生及以上为 151 人，占比 15.76%。独生子女人数为 532 人，占总数的 55.53%，非独生子女人数为 426 人，占总数的 44.47%。

（一）新时代大学生劳动价值观的积极表现

通过分析同学们对问卷问题的回答情况，得出了新时代大学生劳动价值观念的培育成果。当被问及“你对于劳动熟悉吗？”这一问题时，59.15% 的同学回答非常熟悉，39.44% 的同学回答比较熟悉，1.41% 的同学回答不太熟悉，没有同学表示不熟悉。将回答非常熟悉和比较熟悉的人数加在一起，可以看出绝大部分同学对劳动都不陌生，这是高校对新时代大学生劳动价值观念培育成效的体现。

当被问及“你认为劳动对于人类生产生活的意义大吗？”这一问题时，回答情况如图 3-1 所示。

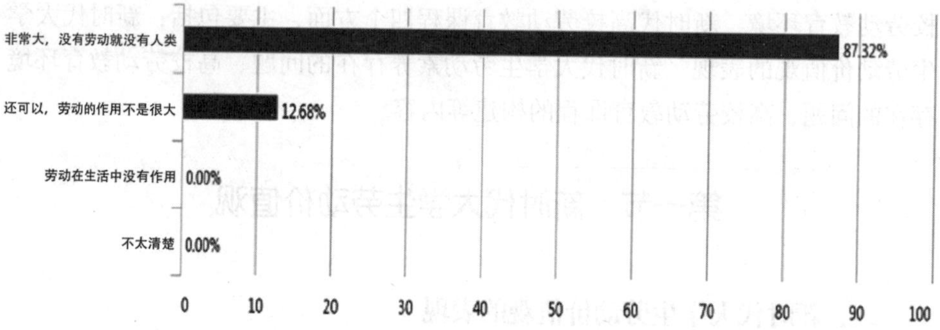

图 3-1　对于“你认为劳动对于人类生产生活的意义大吗？”这一问题的回答情况

大约有 87% 的同学回答非常大，没有劳动就没有人类，约 13% 的同学回答还可以，劳动的作用不是很大，没有人认为劳动在生活中没有作用。这说明绝大部分大学生都承认劳动在人类社会中有着重要的地位和作用，不认为劳动对于人类生活没有作用。

当被问及“你赞同‘劳动最伟大、劳动最光荣、劳动最崇高’这种观点吗？”这一问题时，90% 的同学表示赞同，只有少数同学表示不赞同。可以看出，大学生基本上都能够认同劳动伟大、劳动光荣这一观点。具体情况如图 3-2 所示。

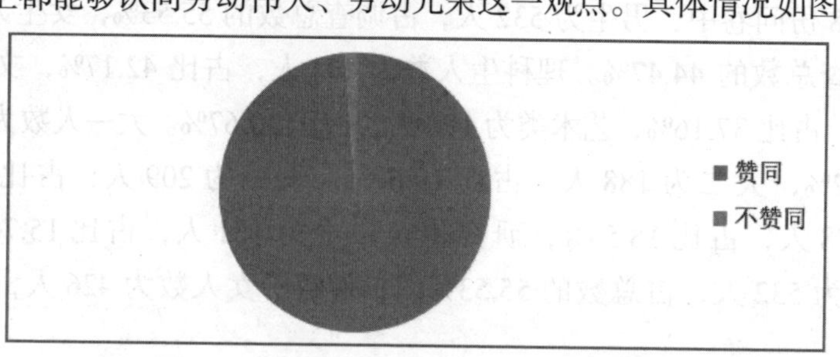

图 3-2　对于“你赞同‘劳动最伟大、劳动最光荣、劳动最崇高’这种观点吗？”这一问题的回答情况

当被问及“你觉得学校开展的哪些活动是和培养劳动价值观念有关的？”这一问题时，50% 的同学回答的是和体育相关的活动，30% 的同学回答的是专业社会见（实）习，15% 的同学选择学生会和社团举办的各项活动，5% 的同学选择其他活动。可以看出，高校劳动价值观的培育以体育相关活动的开展为主。

从上述几个问题的回答可以看出，大学生具有一定的正确劳动价值认知。绝大多数大学生对于劳动都不陌生，都能认识到劳动是人类社会存在和发展的基础，赞同劳动最光荣的观点。高校也开展了和劳动价值观培育有关的活动，如体育活动、学校举办的各种社会实习和实践活动、学生会和社团举办的各种实践活动等。不可否认，高校开展的这些活动取得了一些积极的成果，正是这些活动的开展才使得大学生对于劳动价值有基本的态度和认识，总体上看，大学生劳动价值观念基本正确。在今后的大学生劳动价值观培育上，这些培育途径应继续保持，同时也要尝试创新。

（二）新时代大学生劳动价值观存在的问题

大学生对劳动较为熟悉，参与过劳动实践活动，能够认识到劳动在人类社会发展中的重要作用。但是，教育工作者不仅要关注劳动价值观培育的积极方面，更要重视大学生劳动价值观存在的问题。对调查问卷进行深入分析和研究之后会发现，大学生的劳动价值观念还存在诸多问题。对此，我们应辩证地分析和对待。

1. 对劳动本质的认识存在偏差

劳动是人们运用生产工具，作用于劳动对象，从而创造社会物质财富和精神财富的实践活动。自然界和人类社会是通过劳动相互联合和相互作用的，并通过劳动在一定条件下相互转化。大学生对劳动本质的认识影响着他们的劳动观念，对劳动本质认识越深刻，对劳动意义的理解就更加彻底，对劳动成果也会越加珍惜。反之则会出现对劳动的意义认识模糊，不珍惜劳动成果的现象。

对于“你能准确地说出劳动的本质含义吗？”这一问题，有 80% 的同学表示不能够清晰地说出劳动的本质含义，只有 9% 的同学对于劳动的本质有清晰的认识，个别同学甚至认为劳动就是各种实践活动。对于“在人类之外的其他动物也会劳动吗？”这一问题的回答情况如图 3-3 所示。

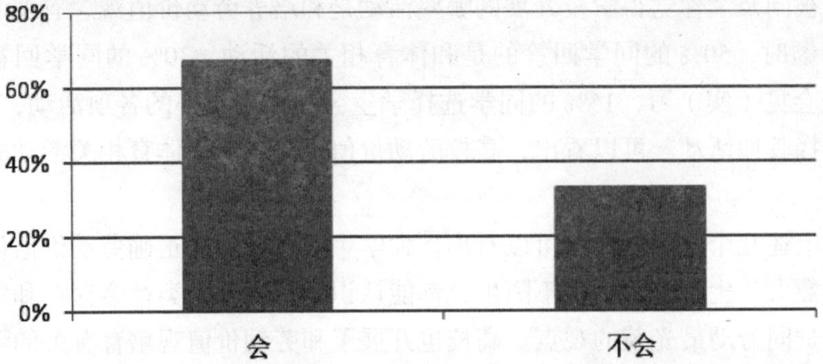

图 3-3　对于“在人类之外的其他动物也会劳动吗？”这一问题的回答情况

认为在人类之外的其他动物也会劳动的占绝大多数。可以看出，绝大多数大学生对于劳动的本质理解不够清楚，虽然绝大多数调查显示大学生对劳动不陌生，在课程的学习中学过或了解过劳动的含义，但是对劳动的本质理解还处于简单和浅显化层面，没有深层次的理解。

对劳动本质的理解不足会导致大学生对劳动意义认知不足。劳动是人类社会存在和发展的基础，人类从动物界中分离出来就是依靠劳动，没有劳动就没有人类，人类社会只有在劳动所创造的物质财富和精神财富中才得以发展和延续。人们在劳动实践活动的奋斗中能收获到喜悦感和幸福感，这种幸福感对劳动者的精神世界也是一种满足和慰藉，进而给人们带来成就感。调查中绝大多数大学生承认劳动具有重要的意义，没有劳动就没有人类，只有少数同学认为劳动的重要性不大，这是可喜的一面。但把劳动的意义具体化时同学们则说不清楚，理解不到位。当被问及“你能说清楚劳动对于人类生产生活的意义具体体现在哪里吗？”这一问题时，回答情况如图 3-4 所示。

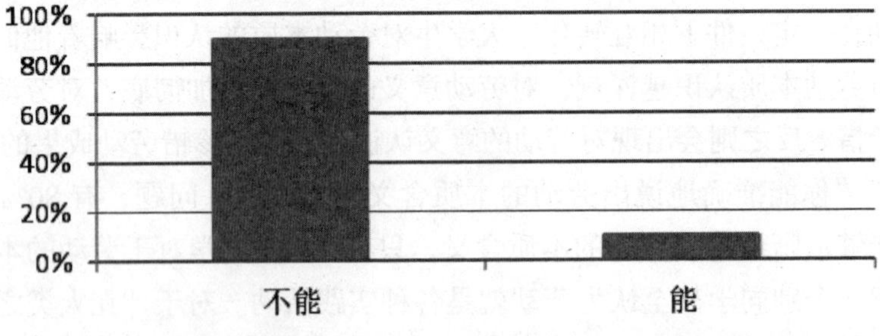

图 3-4　对于“你能说清楚劳动对于人类生产生活的意义具体体现在哪里吗？”这一问题的回答情况

由图可知，90% 的同学的回答为不能，只有 10% 的同学回答能。由此可以看出，大学生虽然认识到劳动对于人类的重要意义，但是对劳动的意义没有真正地理解和认识，只是单纯接受和记忆这一知识点。事实上，我们所要进行的劳动价值观培育是帮助大学生真正理解劳动的本质和含义，真正认识到劳动的重要意义，由内而外地去热爱劳动、喜欢劳动、习惯劳动，不自觉地形成正确的劳动价值观念，而不是仅仅知道劳动的重要性，但不清楚具体体现在哪里。劳动是一种创造财富的实践活动，劳动成果是劳动创造财富的直接体现。对劳动本质理解不足会导致大学生不珍惜劳动成果。当被问及“你用餐时经常会做到‘光盘’吗？”这一问题时，回答情况如图 3-5 所示。

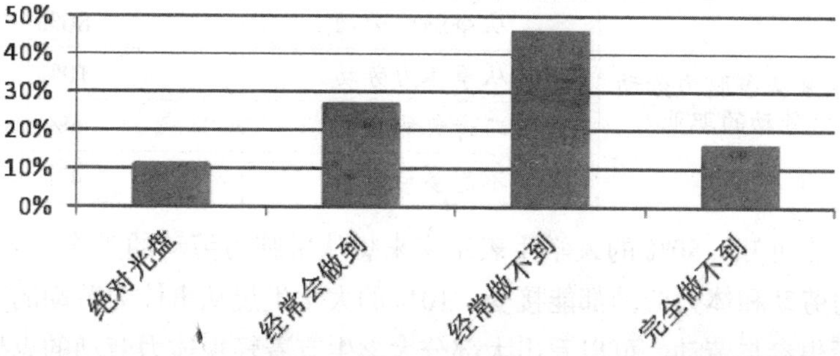

图 3-5 对于“你用餐时经常会做到光盘吗？”这一问题的回答情况

由图可知，11% 的同学表示是绝对的光盘主义者，27% 的同学表示经常会做到，43% 的同学经常做不到，19% 的同学表示完全做不到，其中经常做不到和完全做不到的人数占总人数的大部分。劳动成果是劳动人民辛苦付出得来的，珍惜劳动成果是尊重劳动和劳动者的表现。然而，在校园内每天都有大量的剩菜剩饭浪费掉，有的食物甚至都没有动就扔掉了，浪费粮食已经是一些学生用餐的常见现象，不足为奇。另外，笔者对调查的两所学校进行实地走访时，可以看到校园里面的寝室、食堂以及班级的角落里的卫生情况都不尽人意，学生觉得有清洁工人打扫便不注重卫生情况，在这些场所里能见到学生随手丢弃的废纸、果壳等垃圾，墙壁上有脚印、球印等乱涂乱画的痕迹，这些都是不尊重劳动者的劳动成果的现实体现。

2. *轻视体力劳动及体力劳动者*

对大学生进行劳动价值观培育就是要帮助大学生树立正确的劳动观念，真正认识劳动价值和劳动形式，热爱劳动，尊重劳动人民。在推动社会发展进步的过程中，劳动只有形式的不同，没有价值大小之分，每一种劳动形式和劳动分工都是社会进步离不开的，都值得被尊重和肯定。正是各行各业的劳动者的努力拼搏才使得社会不断向前发展，中国梦的实现需要广大劳动人民的奋斗。但是一些大学生对劳动分工和劳动形式存在认知偏差，与体力劳动形式相比，更热衷于从事脑力劳动，认为脑力劳动更体面，轻视体力劳动和体力劳动者。

调查中对于“在日常生活中你喜欢做脑力劳动还是体力劳动？”这一问题，78% 的同学表示喜欢做脑力劳动，19% 的同学表示喜欢做体力劳动，3% 的同学表示都不喜欢。大学生对脑力劳动的热爱还体现在他们对未来职业的期望上，当问及“你期望未来从事脑力劳动还是体力劳动的职业？”的问题时，同学们的回答情况如下表 3-1 所示。

表 3-1　对于“你期望未来从事脑力劳动还是体力劳动的职业？”这一问题的回答情况

你期望未来从事脑力劳动还是体力劳动的职业？	从事脑力劳动	80%
	从事体力劳动	10%
	二者都能接受	6%
	不想参与劳动	4%

从上表可知，80% 的大学生表示未来想从事脑力劳动的工作，6% 的学生选择脑力劳动和体力劳动都能接受，10% 的大学生想从事体力劳动的工作，个别同学不想参与劳动。可以看出大部分大学生有着轻视体力劳动的思想观念，都希望未来从事脑力劳动的工作，而不想从事体力劳动的工作。

大学生对劳动形式的认识偏差影响着他们对不同劳动形式的劳动者的认识，他们大多喜欢从事脑力劳动，想成为脑力劳动者。当被问及“你更喜欢和哪种人打交道？”这一问题时，回答情况如表 3-2 所示。

表 3-2　对于“你更喜欢和哪种人打交道？”这一问题的回答情况

题目	选项	百分比 / %
你更喜欢和哪种人打交道？	作家	39
	环卫工人	9
	律师	48
	农民工	4

喜欢和作家、律师打交道的同学占总人数的 87%，而喜欢和环卫工人、农民工打交道的同学占比为 13%。由此可以看出一些大学生不仅轻视体力劳动，而且轻视体力劳动者，喜欢和脑力劳动者打交道，不喜欢和体力劳动者交往。这种观念正是他们重智轻劳的直接表现，他们认为脑力劳动者对于社会发展更有用，和脑力劳动者接触对自身更有帮助，体力劳动者是没有前途的。

3. 工匠精神和劳模精神缺失

新时代弘扬和培育劳模精神、工匠精神是中国特色社会主义劳动价值观培育的重要内容和主要任务，有利于全社会形成尊重劳动、热爱劳动的劳动风气。习近平总书记强调“劳动模范和先进工作者是坚持中国道路、弘扬中国精神、凝聚中国力量的楷模，他们以高度的主人翁责任感、卓越的劳动创造、忘我的拼搏奉献精神，为全国各族人民树立了学习的榜样”，“‘爱岗敬业、争创一流、艰苦奋斗、勇于创新、淡泊名利、甘于奉献’的劳模精神，生动诠释了社会主义核心价值观，是我们的宝贵精神财富和强大精神力量”。

习近平总书记倡导全社会都应尊敬劳动模范，弘扬劳模精神。工匠一词在最初是指从事手工业并具有高超技能的劳动者。随着社会的发展，工匠的含义和范围有所扩大，但是精湛的技能这一核心没有改变，只有具备这一特点才能称之为工匠。精湛的技能外化在劳动行为上，可以使工匠成为人人羡慕和尊重的精英，内化为对待职业的态度上，能够使工匠成为人人模仿和崇拜的榜样。现在的工匠不单单指狭义上的普通蓝领工人，而是包括了各行各业技能精湛的劳动者。工匠精神以“敬业、精益、专注、创新”为内涵，以高超的技能为核心价值导向，要求劳动者注重细节和质量，并要坚持和专注。

认同并践行劳模精神和工匠精神是大学生最高的劳动价值追求，是大学生树立正确的劳动价值观念和劳动价值目标的现实体现。调查中，当被问及“你对劳模精神和工匠精神了解多少？”这一问题时，多数同学表示听说过，但是不清楚具体内涵。对于“你能否做到几十年如一日在自己的工作岗位上奉献？”“你能否在未来自己的工作岗位上具备工匠精神？”这样的问题，大多数同学回答不确定能否做到。从上述回答可以看出，多数大学生对工匠精神和劳模精神的本质含义认知不够，在未来工作岗位中更不清楚是否会做到或者发扬劳模精神和工匠精神。由此可见，大学生的劳动精神培育亟须高校的重视和加强，在大学生群体中加强弘扬和培育劳模精神与工匠精神已是当务之急。

4. 创造性劳动意识缺乏

创新是一个民族发展的不竭动力，创新性人才是支撑社会发展的宝贵资源。创造性劳动是为适应新时代、解决新问题而产生的，它要求劳动者有新思路、新视角。大学生群体作为新时代中国特色社会主义事业的建设者和接班人更要具备创新思维和创新精神，这不仅有利于大学生更高效地学习，顺利地完成学业，还有利于大学生在未来的工位岗位中进行创造性劳动。当被问及“你擅长用新思路、新方法解决问题吗？”这一问题时，72% 的同学表示不擅长，28%

的同学表示擅长。当被问及“以下对于普通劳动和创造性劳动的描述哪一个更适合你？”这一问题时，回答如表 3-3 所示。

表 3-3 对于“以下对于普通劳动和创造性劳动的描述哪一个更适合你？”这一问题的回答情况

题目	选项	百分比 / %
以下对于普通劳动和创造性劳动的描述哪一个更适合你？	普通劳动更容易操作	43
	做好日常本职工作就好	36
	有可能从事创造性劳动	12
	极可能会进行劳动创新	9

43% 的同学回答普通劳动更容易操作，36% 的同学表示做好日常本职工作就好，12% 的同学表示有可能从事创造性劳动，9% 的同学回答极可能进行劳动创新。通过同学们的回答可以看出，大部分同学对创造性劳动没有太多兴趣，认为干好日常工作就好，创新意识缺乏，创造性劳动的热情不够。

二、新时代大学生劳动价值观形成的影响因素

（一）传统观念

热爱劳动、勤于劳动是中华民族的传统美德，但也存在着诸如“万般皆下品，唯有读书高”“劳心者治人，劳力者治于人”等观念。受此影响，一部分学生轻视体力劳动，看不起普通劳动者，将个人成功的目标设定为“高官、巨富”。一些家庭的教育目标是“找一份体面的工作”，成为社会精英。人们习惯性地把财富和社会地位作为衡量成败的标准，而对于辛勤敬业、默默无闻的普通劳动者，未能给予发自内心的认可和尊重。

（二）家庭教育

受传统思想观念和应试教育压力的双重影响，很多家庭关注的是子女的学业成绩和特长，忽视了对孩子的劳动教育，没有培育他们正确的劳动价值观。尤其是来自城市的大学生多为独生子女，普遍被父母过度爱护，享受饭来张口、衣来伸手的生活，父母包揽了一切家务，以至于其缺乏劳动体验和劳动锻炼的机会，上大学后自理生活能力和动手能力差，甚至养成好逸恶劳、养尊处优的生活习惯，缺乏艰苦奋斗的精神，更谈不上开展创造性劳动。

（三）社会环境

1. 市场经济下多元价值观的影响

随着改革开放和社会主义市场经济的不断发展，多元文化并存的现象普遍出现，大学生在多元文化的冲突中感到困惑和迷茫。“我国传统的社会价值观以伦理道德作为衡量标准，强调的是重义轻利、舍利取义，甚至是舍生取义，但市场经济下出现以趋利为特征的社会价值观，人们开始更加重视物质利益，追求实惠和实效。”这对新时代大学生的劳动价值观产生了消极的影响，导致他们追求功利的人生目标，以自我为中心，金钱意识膨胀，讲奉献的少了，讲索取的多了，一些毕业生只想找环境宽松、待遇优厚的工作，这也增加了就业的难度。

2. 社会发展不平衡不充分的现实影响

党的十九大报告指出：“中国特色社会主义进入新时代，我国社会的主要矛盾转化为人民日益增长的美好生活需要和不平衡不充分发展之间的矛盾。”当下，城乡二元结构特征明显，城乡居民在资源分配、社会福利、教育医疗等方面有较大差距，区域发展不平衡，不同阶层和群体收入差距也很明显，例如，一些演艺明星收入过高、网红靠炒作和包装一夜成名。面对这样的社会现实，大学生开始对勤劳致富、劳动光荣的观念产生怀疑甚至否定，从而不利于他们形成正确的劳动价值观。

（四）学校教育

调查发现，新时代大学生劳动价值观出现偏差与长期以来学校劳动教育的缺失密切相关。中小学教育往往更关注学生的学习成绩，有的教师把劳动作为惩罚学生的手段，如学生迟到或不完成作业罚值日一周，这会让其产生“调皮捣蛋和学习差的学生才需要劳动”“劳动并不光荣”的错误认识。中小学劳动价值观培育的不足成为大学生劳动价值观出现问题的“先天”原因，而高校劳动教育的缺失是大学生形成不正确的劳动价值观的主要原因。高校劳动教育的缺失包括以下两个方面：

1. 高校劳动教育课程的缺失

绝大部分高校没有开设专门的劳动教育课程，劳动观教育仅是社会主义荣辱观教育的一小部分，在高校思想政治教育体系中处于“边缘化”地位。

2. 高校劳动教育保障制度的缺乏

多数高校对劳动教育不重视，缺乏相应的资金投入，不能开展劳动实践活动，没有专门的师资和相应的制度保障，从而影响了劳动教育的实效性。

3. 学生劳动机会少

许多高校教学计划中的“劳动周”名存实亡，后勤部门和物业公司承包了校园的保洁工作和楼道、教室的清扫工作，多数学生没有劳动锻炼的机会，更谈不上培养热爱劳动的优秀品质。

三、新时代加强大学生劳动价值观教育的建议

习近平总书记在全国教育大会等重要场合多次强调培育正确的劳动价值观和劳动教育的重要性。笔者认为，以家庭、学校、社会为着力点构建协同机制，可以有效提升大学生劳动价值观教育的实效性。

（一）家庭重视劳动价值观养成教育

2018 年 9 月，习近平在全国教育大会上强调，家庭是人生的第一所学校，家长是孩子的第一任老师，要给孩子讲好“人生第一课”，引导他们“扣好人生第一粒扣子”。父母的价值观念、言传身教会对孩子产生深远的影响。一方面，家长应以身作则，热爱劳动，勤于劳动，让子女认识到劳动的重要意义以及艰苦奋斗的精神对个人发展的价值，杜绝采用金钱或物质方法来鼓励孩子劳动的行为。另一方面，家长要积极配合学校教育，督促子女从身边小事做起，承担力所能及的家务劳动，提供各种劳动体验的途径，从而使他们树立正确的劳动观，养成良好的劳动习惯。

（二）学校多措并举，强化落实劳动教育

高校在大学生劳动价值观的塑造中扮演着重要角色，因此，要进一步贯彻落实中央有关劳动教育的文件精神，重视劳动价值观教育。

1. 确立和完善劳动教育课程

高校应增设劳动教育必修课，结合学校和学生的实际加强教材建设，编写专门的教材，或者将劳动教育内容与思想政治理论课教学内容、专业课程教学内容相结合，加强马克思主义劳动观教育，引导学生坚持个人本位与社会本位的统一，自觉处理好自我利益与社会利益的关系，肩负起社会责任。

2. 健全劳动教育的保障机制

高校要完善管理机制，制定课程标准，加强师资队伍建设、物资保障和评

估考核等工作的管理，确保大学生劳动教育实践的顺利开展和有效运行。

3. 丰富劳动实践活动的形式

高校可以组织学生开展志愿者服务活动和公益劳动实践等；鼓励他们利用假期开展社会实践活动或到学校实习基地劳动锻炼，深刻体会劳动的意义；增设勤工助学岗位，减轻贫困大学生的生活负担，同时磨炼他们的意志，提升其综合能力。

4. 利用网络新媒体宣传劳模事迹，营造劳动光荣的良好氛围

高校要大力宣传工匠精神和劳模精神，给予普通劳动者足够的尊重和肯定，通过榜样的力量引导学生树立劳动光荣、劳动伟大的思想观念。

5. 在就业指导中开展创造性劳动教育

随着时代的发展和变化，人类不断创新劳动形式，深化劳动分工，机会无时不在、无处不在，关键在于大学生是否具有创新意识和创新能力。

因此，各高校必须将培育大学生的创新精神作为重要的教育内容，鼓励他们不局限于原有专业领域，努力施展才能，大胆探索创造性劳动，开辟更多适合自己的就业途径。此外，对于从事创造性劳动的师生要进行精神和物质上的奖励，健全激励机制。

（三）净化社会环境，改造社会风气

马克思认为：“人创造环境，同样环境也创造了人。”优良的社会环境对大学生形成正确的劳动价值观可以起到积极的促进作用。我们要充分发挥各类媒体的宣传作用，强化社会舆论的引导功能，大力倡导马克思主义劳动价值观、社会主义核心价值观，宣传集体主义、全心全意为人民服务的精神，弘扬主旋律、传播正能量，在全社会形成尊重劳动的良好氛围，提倡通过辛勤劳动实现人生梦想，反对一切投机取巧、不劳而获的思想和行为。党和政府要大力惩治贪污腐败现象和社会各种不良行为，以净化社会环境；深化分配制度改革，缩小收入差距，提高普通劳动者的收入水平，让普通劳动者活得更有尊严，让劳动更有价值。总之，我们应通过营造良好的社会环境，引导大学生形成正确的劳动价值观。

第二节　新时代大学生劳动素养

一、新时代大学生劳动素养存在的问题

劳动素养是指经过生活和教育活动形成的与劳动有关的人的素养，包括劳动的价值观（态度）、劳动的知识与能力等维度。一个有良好劳动素养的人，不仅要有对劳动价值的正确认识及积极态度，还要有对劳动知识和技能的娴熟了解和掌握，并具有良好的劳动习惯。基于这一定义，当前大学生的劳动素养表现为如下特点。

（一）劳动认知不足

认知是态度和行为的基础，对劳动的积极认知，能够指导大学生热爱劳动，尊重劳动，投身劳动，反之，大学生就可能对劳动持消极和抗拒态度。然而，由于社会环境、成长经历和应试教育等因素的长期影响，当前大学生对劳动的认知普遍不足。劳动包含体力劳动和脑力劳动，但不少大学生对劳动简单化理解，片面地将体力劳动等同于劳动的全部，对劳动充满抵触情绪；也有一部分学生轻视体力劳动，认为从事体力劳动低人一等，对体力劳动者缺乏应有的尊重；部分学生毕业后找不到满意的工作，宁愿在家“啃老”也不愿意到基层一线去；还有一些学生不能理解国家开展劳动教育的意义和价值，对“劳动教育是人生的第一教育”“劳动教育是立德树人的重要载体”认识不到位，觉得当下开展劳动教育多此一举。

（二）劳动态度消极

认知影响态度。对劳动教育认知的不足，导致了部分学生劳动意识淡薄，劳动态度不够端正。例如，有学生认为经济社会发展了就无须发扬艰苦奋斗精神，甚至认为辛勤劳动是愚蠢行为，因而依赖父母积累的物质财富和社会资本不思进取，逐渐养成了逃避劳动的心理，形成了好逸恶劳的思想和懒散消极的习惯，成为“啃老族”；少数学生劳动取向功利化，参加志愿服务以及社会实践活动不以认识社会和提升能力为目的，而是关注能否在综合测评中“加分”，是否有助于“评优评先”，一旦认为得不到应有的回报，便选择逃避。日常生活中对劳动的消极态度，影响着大学生对劳动及劳动人民的情感，并进一步影响到了大学生的就业观，表现为就业时眼高手低，追求不切实际的薪酬待遇，随意毁约，频繁跳槽。

（三）劳动能力弱化

娴熟的劳动能力需要在长期的学习和动手实践中培养和练就。由于劳动观念淡薄、劳动价值模糊、劳动实践不足，当前一些大学生动手能力较差，缺乏基本的劳动技能，更有甚者，连自己的日常生活都不能自理。如有的学生不会做饭烧菜，甚至不会整理房间和清洗衣物。部分学生不会使用劳动工具，扫把不会拿，拖把不会用，把劳动工具当玩具，劳动技能几乎为零。一些毕业生眼高手低，只会纸上谈兵，不能很好地胜任工作岗位，且不愿意向有经验的先辈学习。以前的农村大学生对农活还有所了解，并能从事简单的农务活动，但现今一些农村学生也吃不起苦，受不起累，不仅劳动技能大幅下滑，甚至“五谷不分”，更谈不上土地情结。

（四）劳动品质欠佳

社会主义的劳动教育最重要的目的是培养学生的劳动价值观，使学生了解劳动的价值，欣赏劳动的过程，尊重劳动的果实。然而受劳动认知不足和劳动态度消极的影响，一些大学生没有养成良好的劳动品质，且劳动情怀比较缺失。如有的学生崇尚安逸享乐，渴望不劳而获，梦想一夜暴富；有的学生劳动意志薄脆，不能够吃苦耐劳，在劳动面前容易产生退缩心理；也有学生缺乏艰苦奋斗精神，生活不够节俭，铺张浪费，攀比享乐；还有的学生以自我为中心，不善于团队协作。部分学生在学校宁愿把大把时间花在娱乐消遣上，也不愿意打扫宿舍卫生，导致寝室脏乱不堪。还有一部分学生缺乏劳动意识和劳动自觉性，不仅不愿意亲自动手劳动，而且还难以理解劳动过程的艰辛，不爱惜、不尊重别人的劳动成果，随手丢垃圾、随地吐痰等现象时有发生。

二、大学生劳动素养偏低的原因

造成大学生劳动素养偏低的原因是多方面的，集中表现为大学生成长历程中缺乏培育劳动素养的土壤。这种缺乏，涉及社会氛围、学校教育、家庭环境等各个方面，具体表现为知识本位的文化传统、急功近利的社会风气、分数为王的应试教育、劳育缺失的高等教育、过度娇宠的成长经历、科技宠溺的消费社会。

（一）知识本位的文化传统

我国自古以来就有轻视劳动的社会文化传统，如孔子倡导“学而优则仕”，孟子主张“劳心者治人，劳力者治于人”，这种“万般皆下品，唯有读书高”

的消极片面的劳动观念根深蒂固地影响着人们的思维方式和行为习惯。从社会方面来讲，整个社会没有形成劳动光荣的氛围，轻视劳动人民的现象客观存在：普通劳动者的工作又脏又累，但收入不高，社会地位也很卑微，甚至被人瞧不起；脑力劳动者工作环境舒适，劳动报酬和社会地位都高于产业工人，是不少大学生奋斗的目标；劳动模范理应受到社会重视，但一些大学生只知娱乐明星，根本不关心劳模事迹。在家庭层面，不少家长过度重视智力教育而严重忽略学生劳动习惯的培养，特别是有的家长将劳动当作对孩子的惩罚，使得孩子从小便对劳动充满了抵触情绪。受社会氛围和家长观念的影响，部分大学生错误地认为脑力劳动优于体力劳动，脑力劳动者优于体力劳动者。一些大学生只注重书本知识的学习，轻视劳动实践，把学习知识、取得文凭作为主要的目标，忽视了劳动实践对提升自身综合能力的重要作用。即使偶尔参加公益活动和社会实践，还要考虑是否可以获得“加分”或者其他回报。

（二）急功近利的社会风气

劳动是中华民族的传统美德，中国自古以来就有踏实劳动、勤劳致富的思想。但近些年，随着经济全球化和社会信息化的深入发展，以及我国改革开放和社会转型的深入推进，西方价值观念迅速传入中国，对人们的思想观念和行为方式产生了一定的影响，社会充斥着功利主义和浮躁之风，一夜暴富、不劳而获的思想有所蔓延。

具体而言，一方面，随着国际区域的打破和现代信息技术日新月异的发展，本土文化和异域文化之间的交流日益频繁，冲突、碰撞和融合不断发生，在经济全球化的历史语境下，个人主义、拜金主义、利己主义等西方思潮大行其道。另一方面，伴随中国的改革开放和社会转型，我国的社会经济成分、组织形式、物质利益和就业方式日益多样化，人们的劳动价值观也朝着多样化方向发展。在功利主义价值观的影响下，一些教师和学生过分地关注理论知识的学习，轻视综合素质及能力的提升。就大学生而言，他们产生了贪图享乐、投机取巧等错误思想，相比于通过动手实践获得直接经验和一手资料，一些人更愿意通过阅读的方式方便快捷地获取书本知识，导致高校劳动教育得不到有效落实。

（三）分数为王的应试教育

高考被视为“最公平的向上流动通道”，承载着知识改变命运的信仰，每一位家长都期盼子女上大学，上好大学。在高考这一指挥棒的指引下，劳动教育的地位和作用被扭曲，成绩成为衡量学校办学质量，以及学生优秀与否的唯一标准，学校关注班级的升学率，家长关心孩子的学习成绩，而“唯分数论”

的应试教育是提高升学率的重要手段。在应试教育的大环境下，对不少家长和教师而言，成绩意味着一切，学习永远是第一位的，劳动教育无关紧要，以至于无论在家里，还是在学校，学习都居于无可争议的中心位置，而劳动则处于可有可无的边缘地带。尽管一些学校开设有劳动课，但课程名不副实，课时通常被语文、数学、英语等主课占用。在家里，父母更是全方位承包了家务活，生怕家务劳动挤压学习时间，分散学习精力，影响学习成绩。

总之，当今大学生大都是从幼儿园一路读到大学阶段，受高考指挥棒的影响，在应试教育下，长期脱离劳动实践，对劳动教育重视不够。基础教育阶段，学校和家长对劳动教育的淡化，导致大学生劳动意识淡薄，劳动素养较低。

（四）劳育缺失的高等教育

总体来看，当前大学生的劳动教育是缺乏的，并且在本科院校表现得尤为明显。一是由于担心劳动过程中出现安全事故，各高校不断推进后勤服务工作，大学生劳动的身影罕见，校园走廊、卫生间、教室都有专门的保洁人员清洁，花木修剪也由相应的物业公司承担。二是部分高校对开展劳动教育存在认识上的误区，认为高等教育具有专业教育属性，教学计划中设置了专业认识、实训教学、生产实习等与劳动教育有部分交叉的实践教学环节，所以没有必要再专门开设劳动教育课程，这种认识上的误区导致实践上的偏离，从而使劳动教育内容空心化和地位边缘化。一些高校即使开设了劳动教育理论课程，但课程不够丰富，管理不够精细，考核不够科学，仅满足于开了课、完成了课时；一些学校虽然建有劳动教育实践基地，但仅仅是在实践基地挂个牌，形式主义地完成劳动教育任务，即使在劳动教育实践基地开展劳动活动，也是“参观体验”的多，“劳动体验”的少；还有一些高校开展劳动实践，但在具体的实践中只注重具体劳动而忽视了对学生劳动观念的培育以及劳动情感的培养。总之，高校劳动教育离“出出力、流流汗”的劳动体验要求相差甚远。

（五）过度娇宠的成长经历

“计划生育”政策的实施，使得当今一代大学生普遍为独生子女，他们是在家长及亲友的百般呵护和溺爱下成长的，缺少独立自主能力，劳动素养较差。一方面，一个家庭只有一个孩子，父辈可以将更多的时间、精力、金钱投入孩子身上，对孩子宠爱有加。另一方面，父辈和祖辈一代成长于比较贫穷的年代，生活比较艰辛，他们秉持“再苦不能苦孩子”的理念，集几代人之力，对孩子娇生惯养。就城市户籍大学生而言，伴随经济社会的发展和物质财富的增长，父母积累了较为厚实的家底，这些“先天性”拥有的资源为青少年疏离各种形式的劳动、弱化劳动意识和能力提供了现实的土壤。对农村学生而言，父母不舍得让他们做家务劳动，更不忍心让他们参与春种秋收等农事活动。可以说，父母对独生子女过分疼爱，基本剥夺了孩子劳动的权利，一些大学生在父母及亲友的呵护下长大，缺少劳动锻炼，逐渐养成了养尊处优、好逸恶劳的习惯。由于从小劳动意识和劳动能力没有得到很好的培养，部分大学生劳动意识淡薄，劳动观念消极，劳动能力低下，即使上了大学也不具备基本的生活技能，更谈不上踏实奋斗的品质。

（六）科技宠溺的消费社会

当代大学生成长于互联网技术大发展、智能手机普及的时代。他们对自动化、信息化、智能化、远程化等生活方式具有一种几乎天然的认同感和亲近感。特别是，伴随科学技术的飞速发展和“互联网+”的兴起，网络订餐、网上购物、网约车等社会服务业日益发达，饿了么、美团、淘宝、天猫、滴滴打车等网络平台无孔不入地嵌入了大学生的日常生活，对他们的衣食住行产生了翻天覆地的影响。然而，科学技术是一把双刃剑，在便利人们生产和生活的同时也增长了人们的惰性。例如，外卖订餐的出现，在为忙碌的人们节省时间的同时，也助长了学生的懒惰，不少大学生不去餐厅吃饭，而是习惯于点外卖，甚至有的学生外卖到了都懒得下楼去取，催生了代取外卖等业务；打车软件的流行，方便了学生的出行，但也使得部分大学生外出不愿意步行，甚至不坐公交车，而是选择滴滴快车等舒适便捷的网约车服务。可以说，一些大学生已经习惯于坐在宿舍，通过网络平台完成各种业务，享受各类服务，并且他们认为自己付钱了，享受这些服务是理所应当的。因此，日益发达的“互联网+”服务模式助长了大学生坐享其成、享乐安逸的习惯，进一步弱化了大学生的劳动能力。

三、提高大学生劳动素养的对策

（一）构建大学生劳动素养培育体系

1. 深化劳动认知，涵养劳动情怀

习近平总书记在全国教育大会中指出，“要在学生中弘扬劳动精神，教育引导学生崇尚劳动、尊重劳动，懂得劳动最光荣、劳动最崇高、劳动最伟大、劳动最美丽的道理，长大后能够辛勤劳动、诚实劳动、创造性劳动”。较高的劳动素养得益于正确的劳动认知，高校要着力培养青年一代的劳动品格、积极的劳动态度，使他们能够积极主动地参加劳动，意识到劳动的不可或缺。培养

劳动素养要勇于走出“象牙塔”，学生不仅要深入参与学校各类实践活动，更要在社会磨砺中认知、学习劳动知识，掌握劳动技能，锤炼劳动品格。高校可以结合学科专业特色，加强学生对劳动科学的认知，将劳动科学的教学和研究纳入人才培养方案中，开设具有劳动特色的专业课程，形成劳动学科群，培养劳动情怀深厚、劳动素养扎实的优秀毕业生。在新生入学教育中，各高校可以请校长或书记来上开学第一课，向新生们介绍学校人才培养、劳动强国的初心和使命，使新生从入学开始就保有对国家民族的热爱、对劳动事业的热爱，勤于学习思考，练就过硬本领，怀揣一颗热情和进取之心，成为一名“立德守正，崇劳创新”的大学生。

新时代培养社会主义建设者和接班人对劳动教育提出了新的要求，培养具备较高劳动素养的国家所需的人才，需要将专业学习、高校学科特色和行业特色相结合，强化学生对劳动的认识，培养正确的劳动观念，将劳动素养的提升融入高校学科专业、思想政治教育课程和辅导员的日常思政工作中，使课堂不再是单纯灌输知识的场所，以全员、全过程、全方位培养人才为目的，将课程内容与劳动素养的提升相结合，使学生在学习专业知识的同时形成劳动品格。同时发挥先进人物的榜样作用，将先进事迹与专业课堂相结合，使学生不仅爱劳动、会劳动，更明劳动之理，懂劳动科学知识，增强劳动意识，树立正确的劳动价值观，从而提升学生的劳动素养。

2. 注重劳动习得，培养专业技能

中共教育部党组印发的《高校思想政治工作质量提升工程实施纲要》提出：“坚持理论教育与实践养成相结合，整合各类实践资源，强化项目管理，丰富实践内容，创新实践形式，拓展实践平台，完善支持机制，教育引导学生在亲身参与中增强实践能力，树立家国情怀。”高等教育培养学生的劳动技能，主要是培养专业技能，除课堂的理论教学、制度保障、学生思想意识的转变外，学校还要将提升学生的劳动素养纳入学校实践育人的立体网络之中，将学生的劳动教育融入实践活动和专业劳动技能培训当中。

学校可通过设置勤工助学岗位，帮助家庭困难的学生通过劳动实践自食其力，通过诚实劳动和辛勤劳动实现自身价值，增强劳动技能，提升劳动素养；在各类学生活动中融入劳动教育，加强学生劳动素养的培育，例如，组织春季植树活动、学雷锋活动、社区服务活动等，让学生深入劳动一线，拓展劳动技能，培养学生的劳动实践能力；通过举办“五月劳动文化节”品牌系列活动，加强学生对劳动文化的理解；还可组织与劳动主题相关的学生话剧《劳动者之歌》，让学生自编、自导、自演，全程参与其中，以艺术的形式感染青年学子，号召同学们热爱劳动，牢记劳动者在中华民族伟大复兴征程中的奋斗历程；开展“劳动主题诗词朗诵会”，充分展示古今中外讴歌劳动的诗词、名言名句、经典著作，以寓教于乐的方式开展劳动教育，特别是邀请劳动模范参与其中，让同学们切身领悟劳动精神，让广大学生在活动中感悟劳动与奋斗，感悟初心与使命。这些形式新颖、内容多样的活动不仅可以丰富学生的课余生活，而且也让学生在参加活动的同时，全面、综合地提升个人的劳动素养，增强劳动实践技能。

3. 深入劳动体验，体味劳动艰辛

学校要将劳动教育充分融入国防教育训练、职业体验、社会实践、实习实践等环节的活动当中，使学生真正体验劳动。例如，高校可以组织学生参加高校学生军事特训营活动，磨炼学生的意志品质，增强学生的国防观念，激发学生献身国防、报效国家、牢记使命、奋斗青春的思想共识；将实习工厂、实训车间、校外实习基地等作为开展劳动实践的场所，让学生走进企业，置身于劳动现场，让劳动实践不流于形式，通过实践培养大学生的综合劳动素养。

在深入劳动现场的实践活动中，学校还要注重加强对师生的劳动安全教育，强化劳动风险意识，建立健全安全教育与管理并重的劳动安全保障体系，科学评估劳动安全风险，及时排查隐患，完善紧急事故处理机制，做好风险防控预案等。

4. 发挥资源优势，拓展实践基地

培育大学生的劳动素养，要拓展劳动实践基地，大力加强学校劳动教育设施标准化建设。例如，高校可通过建立学生事务一站式服务中心，帮助学生通过劳动进行自我管理、自我服务，自主办理各项学生事务，有效提高学生的自我管理能力及服务他人的劳动能力。高校还可建立大学生创新创业园，使大学生在校期间就可进行创新创业活动，并获得与社会沟通、交流的机会，全面提升各方面劳动能力，提高自身劳动素养。

大学期间，学生在学校内所接受的劳动训练要逐步与社会标准和要求接轨。高校要在大学生活动及实习、实践活动的基础上，对学生开展大量有针对性的就业、创业指导，指导不能只停留在理论上和校园内，而要大力拓展培育劳动技能及劳动素养的场所，以满足学生走出校园、开阔眼界、深入社会的多样化需求；要充分发挥学校学科专业优势和服务社会的功能，建立相对稳定的实习和劳动实践基地。同时，有较高劳动技能的教师要对在实习、实践基地参与劳动的学生加以引导。例如，有些高校通过收集劳模校友信息，发挥劳模资源优势，加强劳动实践基地建设，聘请劳动模范担任兼职辅导员，让劳模深入学生的日常学习与生活，对学生开展劳动教育，并通过劳模兼职辅导员的引领，将“劳模精神”“劳动精神”“工匠精神”融入教育实践活动中。

5. 健全评价体系，激发劳动自觉

《意见》提出：将劳动素养纳入学生综合素质评价体系，全面客观地记录课内外的劳动过程和结果；把劳动素养评价结果作为衡量学生全面发展情况的重要内容，作为评优评先的重要参考和毕业依据，作为高一级学校录取的重要参考或依据。高校要将劳动素养纳入学生综合素质评价体系，建立劳动素养评价制度，制定评价标准，加强实际劳动技能和劳动贡献的考核，把劳动素养评价结果作为衡量学生全面发展情况的重要内容。

高校可在原有学生综合素质评价体系的基础上，在综合素质测评中对积极参与劳动和具备较高劳动素养的学生予以认定；在奖项设置上可增设单项奖学金，如“劳动之星”“勤工之星”等，专门表彰在学习生活中具有较好的劳动习惯和劳动情怀深厚、积极参加各项劳动教育及实践活动的学生，通过奖励机制，倡导劳动奉献，激发学生的劳动自觉性，引导学生形成正确的劳动价值观，让学生在推优评优过程中自觉提升劳动素养。

6. 鼓励劳动创新，感受创造价值

随着经济发展进入新时期，“中国制造”转变为“中国创造”，我国对于劳动力的需求也在改变。数字时代对人才的劳动素养要求呈现出新的特点，在原有的体力劳动与物质生产劳动的基础上，对于探索性创新劳动和艺术审美性劳动的实践活动等也提出了更高的要求。大学生要在转变思想意识、提升劳动技能的基础上，勇于打破常规，掌握多种基本劳动技能，进行劳动创新，从而获得较强的社会竞争力。高校培养学生的劳动素养，不仅要把握好育人导向，把准劳动教育的价值取向，引导学生树立正确的劳动观念，还要遵循教育规律、成长规律，符合当代学生的年龄特点，更要体现时代特征，适应科技发展和产业变革，针对劳动新形态，注重新兴技术创新，深化产学教融合，完善劳动素养培育模式，真正把学生培养成社会所需的勇于创新的劳动者。

7. 加强宣传导向，形成劳动风尚

当代社会的教育发展离不开全媒体、自媒体的信息传播，对于大学生劳动素养的培育也离不开社会氛围和社会舆论的宣传导向。新时代高校大学生有着较强的自主性和独立性，因此，培育劳动素养也需要创新性的互动模式、生动活泼的教育形式，让劳动风尚潜移默化为学生的劳动认知。从社会角度来看，要积极营造全社会关心和支持劳动教育的良好氛围，宣传推广劳动教育典型经验、劳动模范先进事迹，通过高校大学生喜闻乐见的形式歌颂普通劳动者。近年来，国家对“大国工匠”“时代楷模”等荣誉称号的人物评选和宣传，对于大学生来说既是榜样的力量，也是提高自身劳动素养、提升劳动技能的方向。此外，多家媒体还用当代青年喜闻乐见的“两微一端”、Vlog和短视频的方式宣传全国劳动模范、五一劳动奖章获得者，大力弘扬劳动精神、劳模精神和工匠精神，让更多的高校学子感受到劳动模范就在身边，在全社会形成崇尚劳动、尊重劳动和劳动者的时代风尚，用劳动榜样代替青春偶像，使高校学生主动从小事做起，从点滴做起，积极提升劳动素养。

（二）将劳动教育纳入人才培养方案

1. 加强劳育理论教育

随着科学技术的发展，高校教育的方式和途径日益多样化，但最核心的方式仍然是课堂教学。因此，高校要优化课程设置，充分发挥课堂主渠道、主阵地作用，系统性地开展劳动教育。

一要开设劳动教育公共必修课与选修课，通过劳育课程引导大学生热爱劳动、勤于劳动、积极劳动，克服“少劳多得”的投机心理，树立正确的劳育观。

二是思政课程要加强劳动教育，通过思政课教学，引导大学生认识到劳动是中华民族的传统美德，幸福生活是奋斗出来的，帮助他们养成尊重劳动的情感。

三是专业课程要有机融入劳动教育元素。通常，专业课程更受大学生的重视，因此要在专业课程中融入劳动教育，对大学生进行观念上的引导，引起他们思想上的共鸣。

四是在大学生职业生涯规划与就业指导课程中增设劳动理念，把劳动精神、劳模精神、工匠精神、艰苦奋斗精神的教育融入其中，教育引导大学生到基层去，到西部去，到脱贫攻坚一线去。当然，劳动课程教学效果的保障离不开科学有效的考核，因此还要健全考核机制。总之，要通过劳动课教学，帮助大学生扭转对劳动的偏误观念，理性看待体力劳动与脑力劳动的区别和联系，最终形成对劳动的正确认知，树立积极的劳动情怀。

2. 强化劳动实践锻炼

劳动是一个实践的过程，因此劳动教育需要课堂教育与课外实践有机统一，如果课堂教育与课外实践两张皮，甚至于根本就没有课外实践，那么劳动教育则会陷入书本化、形式化的状况，这种纸上谈兵的做法也就难以有效培养大学生对劳动的认同感和敬畏心。因此，高校劳动教育还应加强实践体验，通过开展多种形式的劳动实践，让学生切实感悟劳动的获得感和成就感。

一是加强校内劳动锻炼，探索设立劳动周，组织大学生参与校园保洁和花木修剪，使学生通过自己的劳动营造清洁美丽的校园环境，让学生在“流自己的汗”的劳动实践中形成积极的劳动情怀。

二是组织校外劳动实践，如志愿服务、公益活动以及社会实践，让学生发挥专业所长，在奉献社会的实践过程中增强与劳动人民的接触，加强对劳动人民的认识，培养对劳动人民的热爱情感。

三是搭建劳动教育实践基地以及职业体验实践基地，打造接地气、接生活的劳动体验课程，组织学生进车间、下田野，让学生通过学工学农实践发展自己，创造财富，收获幸福。

总之，要使学生充分感受劳动的乐趣，享受劳动成果带来的喜悦，帮助学生养成吃苦耐劳的品质，以及独立担当的品格，进而产生尊重劳动、热爱劳动的真挚情感。

3. 注重劳动价值引导

新时代对劳动教育的加强，表明了要构建德智体美劳五育并举的全新教育体系。这意味着劳动教育不能仅是劳动知识和技能的传授，更重要的是劳动观念和态度的培养，因此在进行劳动实践锻炼时，应特别关注其教育属性。对此，学者们进行了反思，指出劳动不是最终目的，而是一种教学手段，劳动教育不仅是传授给学生劳动的知识与技能，而且涉及价值观的培养问题，是要在整个育人过程中，在学生日常行为习惯的养成中培养其劳动意识，以及基本生存能力、责任担当意识，培养国家、民族和社会的有用之才。因此，高校教育工作者应该认识到，劳动教育并不是简单地开设理论课程，也不是完成了多少劳动任务，劳动教育的核心目标是劳动价值观的培育，要通过劳动教育，加强学生对劳动的认识，改变学生对劳动的态度，培养学生对劳动的情感，最终培养学生尊崇劳动、热爱劳动的价值观。如高校设置勤工助学岗位不能仅满足于学生完成了相应工作，更重要的是让学生在这个过程中认识到付出才有回报，使学生克服不劳而获的心理；进行校园保洁也不能变成一项为劳动而劳动的任务，而是要让学生明白清洁美丽的校园是全体师生及保洁员共同努力的结果，进而自觉维护环境卫生，共同创建文明、美丽的校园。

4. 构建校园劳动文化

校园文化对大学生的思想观念、价值取向和行为方式具有潜移默化的影响。高校应加强劳动育人校园文化建设，大力弘扬劳模精神、劳动精神、工匠精神，促进劳动教育与校园文化建设相融合。

一是重视榜样的力量，开展“劳模大讲堂”“大国工匠进校园”等专题讲座，并在校园官网、橱窗、走廊等宣传阵地推送劳模和工匠的先进事迹，让大学生能够近距离接触劳动模范，聆听劳模故事，感受榜样力量，从而引导广大学生崇敬劳模、学习劳模、崇尚劳动、热爱劳动。

二是发挥朋辈效应的作用，探索成立与劳动有关的兴趣小组、学生社团，在班会、团课、社团活动中广泛开展与劳模精神相关的主题演讲、知识竞赛、征文比赛，以及辩论赛、情景剧赛，引导学生主动探索和反思劳动的意义与价值；广泛组织以劳动教育为主题的手工劳技展演，如手工制作、电器维修、班务整理、室内装饰、宿舍内务技能大赛等实践活动，提高学生的劳动意识，加强学生劳动习惯的养成。

总之，高校要大力宣扬劳动的价值，营造劳动光荣的校园文化氛围，让“崇尚一技之长，不唯学历凭能力”的劳动思想和劳动文化深入人心，引导大学生热爱劳动、崇尚劳动，积极提高劳动素养，成为劳动情怀浓厚、劳动技能突出的高素质大学生。

第三节　新时代高校劳动教育环境

本节通过对高校劳动教育环境现状进行调查、研究，深入分析当前高校劳动教育环境存在的问题，立足于新时代背景下学生教育立场与教育环境的整体关系，力求创造符合新时代要求的劳动教育环境。

一、高校劳动教育环境的构成要素

随着时代的发展，高校劳动教育环境的构成要素不断增加，在诸多方面都会影响教育者与受教育者。本文将高校教育环境的诸多构成要素在形式上分为显性环境因素和隐性环境因素，在内容上分为物质、文化、制度、网络及人际关系等因素。为确保劳动教育的实效性，高校管理者应加强劳动教育环境构成要素的管理。

（一）显性环境因素

1. 物质因素

高校劳动教育环境中的基本构成要素就是物质因素，主要包括教学、实训等场所的设施完善程度，教育者获取信息的科学化水平和线上网络环境等。一些高校在学生实训场所设施方面管理不到位，需要高校管理者加强对显性环境因素的调控，创造良好的教学、实训场所环境，满足不同类型学生的需要。

2. 制度因素

制度建设和学校管理者对整个劳动教育起导向性作用，劳动教育制度建设是高校创新劳动教育的根本，应以学生为中心完善劳动教育制度。目前，一些高校劳动教育内容单一，无法激发学生对劳动的情感、兴趣，尚未帮助学生形成正确的劳动观念与态度，导致学生丧失学习劳动技术、技能的兴趣。学校应加强劳动教育制度建设，制定劳动教育策略，构建劳动教育体系；将劳动教育纳入人才培养方案，提高教育者队伍的整体素质；开展劳动教育专项课程培训，提高教师队伍的学习与教学能力；根据时代要求因材施教，制定科学的劳动教育内容，将劳动教育作为课程纳入成绩考评，充分激发学生参与劳动的兴趣；还要开设劳动技能课堂，举办劳模竞赛等活动，培养学生正确的劳动习惯。

3. 网络环境因素

网络的便捷性和即时性大大减少了劳动者的体力与智力的消耗，充斥在生活的方方面面。高校要想有效开展劳动教育，就要创造与优化当前校园网络环境，帮助学生利用网络学习劳动技能，提高劳动能力，利用网络进行劳动量化反馈，完善劳动教育网络建设。与此同时，更好地利用数字校园、抖音、微信公众号等信息平台，设计具有劳动性质的网络 Logo，传播劳动知识，传授劳动技能，消除对学生发展有阻碍的消极信息，潜移默化地影响学生树立正确的劳动观，端正劳动态度。

（二）隐性环境因素

1. 文化因素

高校劳动教育环境的隐性环境因素指的是学校的劳动文化、氛围等精神层面的因素，主要包含校风、班风、氛围、线上文化等。它们是影响学校劳动文化形成的心理机制。校级管理者只有全面支持劳动教育各项发展，教育者与受教育者才会积极配合劳动教育的开展，从而形成良好的校园文化和班级氛围。

教育者在教学过程中要营造和谐有趣的劳动氛围，帮助学生体会劳动的乐趣，在无形中潜移默化地影响学生形成正确的劳动观，培养学生主动参与劳动的意识，使学生逐渐认同劳动带来的种种益处。

2. 人际关系因素

人是社会的人，要想在社会中生存，首先要学会劳动。现在社会劳动方式多样化，个人劳动成果与集体挂钩，只有在团队中相互合作才能产生更多的劳动效益。只有创造融洽和谐的校园交际环境才能促进学生全面发展，帮助学生更好地体会参与劳动带来的乐趣。同学关系、师生关系是学校最基础的人际关系，其中师生关系具有双向性，不仅需要学生尊师重道，还要求教师在与学生建立人际关系时秉持相互尊重的原则，亦师亦友。这种和谐的师生人际关系有助于形成强大的教育力量，使学生更容易接受劳动教育，更有利于劳动教育的开展。

二、当前高校劳动教育环境创设存在的问题

（一）校园物质建设所体现的劳动内涵缺失

近年来党中央、国务院高度重视高校教育工作，高校招生规模大幅度提高，生源质量得到了提升。高校更加注重技术技能教育，但是在校园物质建设中劳动内涵未能齐头并进。教学场所、实训设施陈旧，设备缺乏，图书馆藏书量少，不能满足学生的学习需求，未能激发学生的学习兴趣；物质规划和建设方面缺乏人文关怀，学生遍布全国各省市地区，有不同的种族与背景，学校在进行物质文化建设时没有赋予差异化、个性化的劳动内涵，将劳动教育贯穿校园文化物质建设始终；校园景观设计方面未能结合劳动教育的要求，与学生的学习、生活融为一体，增强环境与人之间的和谐性，也未能充分体现劳动精神。

（二）教育者劳动教育理念滞后

在劳动教育中有些院校没有顺应新时代的要求，存在一定的错误认知和薄弱环节；没有因势利导，没有根据时代背景及学生实际改变劳动教育策略，存在学生劳动观念与态度出现偏差，以及个别学生不爱劳动、不会劳动的现象；没有根据当前“00 后”大学生的特点因材施教，被传统劳动教育方式束缚，忽视学生的主体性与个体差异，仍采用“填鸭式”教学，缺乏互动，没有交流，久而久之就会制约学生的发展，直接影响学生劳动观的树立，学生存在对劳动认知不够甚至态度消极的现象。

（三）劳动教育制度不健全

目前，一些高校缺乏对学生劳动教育的制度保障，主要表现在以下几个方面：一是没有建立科学有效的劳动教育制度，没有把劳动教育列入考核范围，没有将学生的劳动教育成绩作为教师的评价指标，教师对劳动教育重视不够；二是没有将学生的劳动成果和综合测评挂钩，未形成有效的激励机制；三是没有建设“以人为本”的劳动教育制度，没有以学生为中心加强制度建设。优良的制度文化环境具有强大的合力，能够充分调动师生的积极性，使其共同参与到劳动教育中，目前一些高校在此方面缺乏民主性。

三、创设劳动教育环境的策略及意义

（一）创设劳动教育环境的策略

1. 以课堂教学环境创设为重点

教学场所设施是课堂教学的基础，高校应加大教室及实训室环境创设的资金投入力度，完善各项教学设施，满足现代化高校劳动教育课程化的革新需求，适应不同类型的学生。教务部门应将劳动教育纳入人才培养计划，建立劳动教育机制，鼓励教师加强对劳动教育的研究，引起对学生劳动教育的重视；教育者应强化对多媒体教学的应用，利用 VR 技术刺激学生的视觉、听觉、嗅觉等感官，让学生体会不同劳动的特点，丰富学生的劳动体验，加强劳动技术对学生的吸引力。多媒体的合理运用会极大地推进劳动教育事业的发展，将 VR 技术引进高校劳动教育课堂，可以结合我国劳动人民的历史、劳动创造带来的影响让学生身临其境地体验，既能活跃课堂教学氛围，又能开阔学生的眼界。学生通过观察、参与劳动，敬畏劳动，体验劳动，完成劳动教育，使劳动精神、劳动情怀、劳动境界的培养在依托后勤服务领域开展的劳动实践、劳动锻炼中自然而然地完成。

2. 以校园劳动文化环境创设为基础

校园劳动文化是高校开展劳动教育的重点，是校园文化的重要组成部分，校园劳动文化环境是学生成长成才的沃土。在大学生的校园生活中，劳动教育无处不在，看得见，摸得着，可以真切感受得到，能对学生产生深刻持久的影响，具备陶冶功能、导向与激励功能、约束与规范功能。

影响学生劳动教育的环境分为两种：一种是物质文化环境；另一种是精神文化环境。在物质文化环境创设中，团委和学生工作处可通过广播、报纸、英语角、宣传栏等媒介加大对劳动教育的宣传力度，吸引学生与教师的注意力，通过宣传加深学生与教师对劳动的理解，并融入劳动思维；还可以发挥校徽、院徽及校内雕塑等的导向功能，影响学生对劳动的观点与态度。在精神文化环境创设中，高校应明确党和国家对劳动教育的指导方针，强化对教育者的理论素质培养，定期开展培训，满足新时代劳动教育的革新要求，与时俱进，将新时代劳动教育及思想内容融入教师管理中，建立高素质的教师队伍。

3. 以社会实践环境创设为关键

在高校育人体系中，社会实践属于多重教育，是大学生劳动教育的重要载体。因此，创造社会实践环境是创造劳动教育环境的形式之一，但劳动教育不等同于参加社会实践活动。根据社会发展的需要，将社会的外在要求与学生的内在需要相结合，搭建社会实践平台，改善实习实训制度，掌握岗位实践要求，不仅可以使学生树立正确的劳动观念，还可以使他们进一步熟练掌握专业技术。高校教育者应鼓励学生走出去，参加生产劳动、志愿服务、公益活动等，与企业和各机关事业单位联合举办劳动技能比赛，充分挖掘学生的劳动潜能，不断增强学生的竞争意识、团队意识。

4. 以线上网络环境创设为保障

网络是人们生活中不可或缺的一部分。目前，高校学生大多数为“00后”，思想开放，创新性比较强，运用互联网技术的能力较强。当前，网络已经融入社会生活的方方面面，学生的学习、生活无不受网络的深刻影响。高校要充分利用网络拓展劳动教育，在课堂教学、社会实践中把学生劳动教育与专业技术融为一体，利用数字化技术建立劳动教育学习平台，创造校园劳动教育网络环境。高校可通过对受教育者的年龄、思想和生活的综合分析，整合劳动教育资源，通过数字校园、抖音、微信公众号等平台创造劳动氛围浓厚的网络环境，使受教育者将学到的劳动教育理论知识与技能灵活运用到学习及生活中，帮助学生由他律转变为自律，构建自我管理体系，最终实现自我教育、自主学习，养成爱创造、爱劳动的良好习惯。

总之，劳动教育是新时代教育发展的根基，是新时代教育的重要组成部分，是新时代劳动观在教育领域的主要体现。高校将劳动教育作为一项基础性的任务，势必要先优化与创造良好的以学生为中心的劳动教育环境。在现阶段的劳动教育革新中，高校应该通过对课堂教学环境、线上网络环境、社会实践环境、校园劳动文化环境等的完善创新，创设符合新时代要求的劳动教育环境，为进一步提高高校劳动教育水平打下良好基础，为国家培养更多德智体美劳全面发展的优秀人才。

（二）创设劳动教育环境的意义

劳动教育环境创设，是指以“生态位”理念为思考模式，通过系统且有针对性的实践运作，协调统合促进当代劳动教育有效实施的各类因素，创建起协调一致的具有中国特色社会主义新时代特征的劳动教育环境。这一过程与建立健全劳动教育体系紧密相连，具有重要的意义。

1. 有利于形成积极正确的劳动态度与情感

完整的劳动教育，首先是对学生劳动观念、劳动态度、劳动品质以及劳动情感的培育。这其中，离不开积极的劳动教育环境所充当的重要媒介作用。要形成积极正确的劳动态度与情感，仅停留于空洞的说教毫无意义，必须通过切实的手段创建劳动教育的客观环境。劳动教育以指导个体行为为目标，在于培养人的实践创造精神，使之形成正确的行为方式与价值理想。这一过程中，个体劳动观念、品质的形成，必须依赖客观环境的影响与规约，而这也充分凸显出高校劳动教育环境建构的深刻含义。

2. 有利于为新时代社会主义建设事业贡献绵薄之力

劳动作为伴随人类始终的客观存在，是人类自身以及人类社会生存发展的基础。这一劳动的特殊性也决定了劳动教育的艰巨性、复杂性与永恒性。中国特色社会主义教育发展之路，必须有坚实的劳动教育作为支撑，而劳动教育环境的建设更是重中之重的任务。因此，必须在整体性视野观的指导下极力促成影响劳动教育有效实施的各类因素，使之构成一个大环境下的“合力”，从而为建设完备的劳动教育体系贡献有益力量。当前的高校，在劳育环境建设的背景下，更应一方面紧抓学生的技能训练与职业道德素养提升，同时加紧联系一切校外有益资源为学生技能的提升提供有效训练平台，并将相关资源汇总形成共享机制；另一方面，积极调动校内的各类资源，重塑在校学生的劳育观念，培养其艰苦创业、不畏艰难、勇于探索的意志力与顽强拼搏的心理素质，使其为新时代社会主义建设事业贡献绵薄之力。

3. 有利于“德智体美劳”全面发展的教育体系的构建

“以劳树德、以劳增智、以劳强体、以劳育美、以劳创新”的教育思路，充分体现出劳动教育的相关功能与“德智体美”四育的融通关系。马克思曾指出“教育与生产劳动相结合，是培养全面发展的人的唯一方法”。习近平总书记在全国教育大会上重新将“劳”字列入全面发展教育理念之中，无疑站在战略高度将劳动同开创中国特色社会主义新时代、实现中国梦联系起来，而积极且完备的劳动教育生态体系的建立，无疑将有效推动与促进这一战略的达成。同时，这也要求我们在具体实践环节，综合考量“德智体美劳”的核心要素与教育功能，切实将人的全面发展教育理念落到实处。

当然，完备的劳动教育社会大环境的构建，绝不是高校一己之力可以完成的，作为一项艰巨的系统工程，需要国家层面提供制度、财力、人力等相关保障，也需要各个家庭的共建合力，这样，构建“德智体美劳”全面发展的教育体系必将真正实现。

第四节　新时代高校劳动教育课程

一、高校劳动教育实现课程化的重要性

高校劳动教育应以课程为核心，以劳动科学作为具体的教学教材，其重要性主要体现在以下几个方面。

（一）能使大学生了解和掌握有关劳动科学最基本的知识

高校学生一般处于世界观、人生观和价值观逐步形成的阶段，劳动教育对于大学生“三观”的确立起到十分重要的作用。正确的劳动观是形成“三观”的重要基础，它是人们对人类劳动实践活动及其创造本质的基本看法。通过劳动教育，高校学生要从思想上认识、批判和摒弃以极度功利化、个人化为表现形式的极端个人主义，能够分辨是非，增强免疫力，坚定树立马克思主义的劳动观和劳动是幸福源泉的劳动幸福观。同时，正确劳动观的形成不是一蹴而就的，还需要具体的劳动科学教育，以及对劳动实践活动的亲自参与和亲身体认，促使高校学生从思想意识层面真正懂得劳动的全部意义，真正明确劳动创造价值、劳动关乎幸福人生的道理。

高校劳动教育同中小学劳动教育既有联系，也有区别。小学阶段的劳动教育，是劳动启蒙阶段，目的是使学生从小就养成热爱劳动的好习惯，让小学生参加力所能及的劳动，体验劳动的价值，将尊重劳动镌刻在心灵深处。中学阶段的劳动教育，是使学生逐步树立正确的劳动意识，其中，初中阶段的劳育，要从人类社会发展史的角度，使学生认识劳动实践对于创造人类文明的巨大作用；高中阶段的劳动教育，要从历史唯物主义的高度，使学生深刻理解劳动实践的深刻内涵、发展沿革、基本形式、重要地位和重大意义。大学阶段的劳动教育，则是使学生明确劳动科学体系、掌握劳动科学知识，必须以劳动教育课程化为基础。

（二）能使学生“明劳动之理”

以教育的视角观之，所谓的“行”是指学校开展的具体劳动实践活动，目的是使学生亲临劳动实践场合，实际感受劳动。所谓“知”是指通过课堂教学环节，学生掌握关于劳动的知识。“格物致知”，贵在明理。在劳动实践活动中，直接体认固然重要，但是获得劳动体验绝非劳动教育的终极目的，最终目的在于对劳动道理的感悟、对劳动知识的科学把握。高校学生作为社会生产实践的“准劳动者”和后备力量，不仅要爱劳动、会劳动，更要懂劳动，“明劳动之理”。

（三）与思政课一样具有不可替代性

一是高校劳动教育课是一门相对独立的学科，它与思政课具有同样的不可替代性。前者着重以劳动科学知识对学生进行系统教育，后者则要求学生掌握政治理论、思想修养、伦理道德等多方面的知识，不断提高学生的思想政治素质和道德水平。毋庸置疑，思政课也包含有关劳动方面的知识，但是，这些知识都分别蕴含于思政课的几门具体学科当中，无法形成劳动教育的系统知识。劳动教育课程同思政课程之间，在逻辑上是一种交叉关系。由此可见，高校思政课不能也无法取代劳动教育课。

二是高校的劳动教育课程的目的有别于思想政治教育课程的目的。前者要求学生不能仅仅驻足于良好习惯的养成，停留于道德品质的修养上，而且要通过劳动教育课程的学习，深化对劳动的认识，懂得劳动的道理。

三是高校劳动教育课也有别于其他与劳动相关的专业课。劳动教育课程属于普及劳动科学知识的必修课，注重普及性，是对所有高校学生进行劳动教育的必修课；而与劳动相关的专业课，如“劳动法学”“劳动经济学”则更加注重专业性，是培养专门人才的专业性课程。

（四）符合目的性和规律性

马克思主义认为，劳动是人们认识和改造自然界的自觉的、有目的的能动活动。伴随着人类劳动实践活动的发展，形成了人与自然的关系、人与社会的关系，形成了基于劳动实践的诸多自然科学门类、社会科学门类以及思维科学门类。正是建立在共同的劳动语境下，以劳动实践为基础的诸多同劳动实践紧密联系的学科门类应运而生，并赋予劳动科学以科学性特征。对于高校学生而言，如果不对其进行系统的劳动科学教育，学生就不能透彻地了解劳动的本质规定、劳动的创造价值、劳动的普遍意义、劳动对于实现人的全面发展的重要作用，他们对劳动科学知识的掌握难免支离破碎，甚至停留在对劳动的感性认识阶段。这既不利于学生的全面发展，也不利于学生今后的职业规划和对自身享有合法权益的认知，这是目前高校教育的一个缺憾。基于此，将劳动科学作为劳动教育的基本课程，是一个科学的选择，具有合目的性，也具有合规律性。

二、构建高校劳动教育课程的阻碍因素

（一）对劳动教育认识不足

当前，一些高校学生排斥“工厂技术”，其根本原因是高校及学生对劳动教育认识不足。一方面，高校学生对劳动教育中“增智、强体、树德”的育人价值认知缺位，尚未充分认识到劳动教育对人生的重要意义。所以，高校在开展劳动教育的过程中，学生的学习热情不高，甚至出现排斥现象。另一方面，高校没有充分认识到劳动教育的重要性。部分高校更加关注学生的就业率及毕业率，忽视了劳动教育的育人价值。学生及高校对劳动教育的认识不足严重阻碍了高校劳动教育课程的构建。

（二）劳动教育资源投入缺位

高校开展劳动教育需要完善的师资队伍、良好的实践平台作为基础支撑。但由于资源投入缺位，上述支撑难以持久存在，劳动教育甚至完全停滞。一些贫困地区的高校由于自身条件限制，难以进行劳动教育资源投入，缺少构建劳动教育课程的条件。因此，政府、社会与高校应通力合作，加大劳动教育相关资源的投入，构建高校劳动教育课程。

（三）劳动教育实施效果不明显

高校开展劳动教育的方式偏向理论教学，更注重劳动测评成绩，这导致学生缺乏必要的劳动实践技能。就产业发展现状而言，机械一体化、工业机器人的深度应用使高校学生有了更加宽广的就业渠道，但部分学生也由此对劳动教育产生了误解，认为高校实施的劳动教育流于形式，现代工业技术可以取代现实劳动。劳动教育的实施效果不明显，是阻碍劳动教育课程构建的重要原因。

（四）社会劳动教育氛围缺失

社会劳动教育氛围缺失是阻碍高校劳动教育课程构建的重要因素。一方面，人们重脑力劳动、轻体力劳动的现象长期存在，家长更期望孩子从事脑力工作，而非体力工作，这导致劳动教育缺乏良好的成长土壤。另一方面，网络环境的复杂性使现代社会充斥着不劳而获、流量变现等不良价值观念，这些不良价值

观念在一定程度上消解了高校学生的劳动价值观。部分学生对提升自身综合素质、锻炼劳动技能的期望较低，进而导致其接受劳动教育的主观积极性较差。长远来看，社会劳动教育氛围的缺失是高校开展劳动教育的重大阻碍因素。

三、高校劳动教育课程的教材框架

（一）建设“四位一体”的目标体系

对高校劳动教育课程构建而言，设置科学合理的教学目标是第一要素。高校劳动教育培养目标应包括清晰掌握劳动制度、树立正确的价值观念、深刻掌握劳动技能、实现个人综合发展。因此，高校应建设“四位一体”的目标体系。清晰掌握劳动制度是指帮助学生明确认知劳动相关法律法规，避免自身合法权益受到侵害，进而创建和谐的劳动关系。树立正确的价值观念是指培养学生珍惜劳动成果、崇尚劳动的精神品质，使学生树立正确的劳动价值观。深刻掌握劳动技能是指帮助学生掌握专业的劳动知识和技能以及普适的劳动知识和技能。实现个人综合发展是指高校劳动教育课程需要充分发挥劳动育人的价值，并合理利用劳动教育课程实现综合人才培养的目标。

（二）构建“协同推进”的实施体系

“协同推进”实施体系的构建是落实高校劳动教育课程构建的重要环节，也是必然举措。

1. 高校应推动劳动教育融入专业课程

高校的劳动教育需要始终根植于专业课程，否则将会背离劳动教育的初心，导致教育目标难以实现。具体而言，高校要将劳动价值观念、劳动制度条例融入专业课程教学，避免专业教育与劳动教育主次难分。

2. 高校应推动劳动教育融入课外活动

高校有多种多样的课余活动，包括社团活动、志愿活动、班团活动等，这些活动的开展均是进行劳动教育的良好契机。在此过程中，高校教师特别是思政教师，需要将劳动教育进行合理的融入设计，进而科学推动劳动教育落实到具体活动中。

3. 高校应将德智体美教育元素协同融入劳动教育

作为教育实施主体，教师以及管理人员需要在教学过程中适宜、高效地融入德智体美教育元素，提升高校人才的培育质量。

（三）建构“全面综合”的保障体系

劳动教育保障体系需要多元主体协同构建，“全面综合”的保障体系也是保障劳动教育顺利开展的关键要素。

1. 高校应构建科学的组织管理系统

劳动教育的根本目标是实现立德树人的根本教育方针，而劳动教育也是落实立德树人的有效方式。劳动教育涉及多元主体以及多个维度，高校需要厘清管理组织系统，进行系统管理。高校可以成立劳动教育管理小组，负责劳动教育的具体目标制定以及任务分工，并具体落实到相关的课程活动中。

2. 高校需完善师资队伍保障

专业教师需要深刻明晰劳动教育的重要性，主动承担开展劳动教育的重要责任。在实施劳动教育时，专业教师应培养其他教师成为劳动教育的专业人员，以此确保教师能够在任一科目中充分融入劳动教育理念，实现学生劳动观念的综合培养。通过构建科学的组织管理系统、完善师资队伍保障等举措，高校可以全面加强劳动教育课程构建的保障力度。

（四）设置“公平合理”的评价体系

高校劳动教育课程的构建需要“公平合理”的评价体系作为评估劳动教育实施效果的有效方式。但是，劳动教育不可以效仿其他专业课程的单一分数的测评方式，其需要科学合理的评价体系作为支撑。

1. 学分考核

高校应在必修学分中设置劳动教育学分，并尽可能将劳动课程设为必修课程。高校可以进一步将课程学分划分为理论学分和实践学分，促使学生完成学分修习、提升劳动素质。

2. 综合素质考评

学生在参与相关劳动活动时，可由班长或其他学生记录学生的行为表现，继而通过综合素质测评评价学生的劳动表现。

3. 任课教师考评

任课教师对学生在不同专业学科学习中的劳动教育表现进行过程考核，并将其纳入该门课程的成绩评价。科学合理的评价体系可以为学生提供充足的学习劳动课程的动力。

四、高校劳动教育课程的构建

（一）构建高校劳动教育课程的路径

1. 充实劳动教育内容

劳动教育内容作为高校学生劳动教育课程开展的重要基础，需要高校精心遴选与不断充实，这样才能实现劳动教育对学生的全方位价值引领。

（1）高校应在劳动教育内容中融入家国情怀

习近平总书记指出："无论过去、现在还是未来，中国青年始终是实现中华民族伟大复兴的先锋力量！"在此背景下，培养具有家国情怀的综合素质较高的人才，能推动我国在国际竞争中获取优势。数以万计的高校学生为实现这一目标提供重要人才支撑，高校在劳动教育中融入家国情怀，可为培养学生的劳动担当厚植土壤。

（2）高校应在劳动教育内容中融入美德教育

中华民族的传统优秀品质包括勤劳、节俭、善良等，这些优秀品质均是在长期的劳动过程中衍生出来的。高校学生需要通过吸收劳动教育中的优秀品质，培养自身的劳动精神，并在劳动创造中将劳动美德发扬光大。

2. 优化劳动教育方式

建构科学合理的高校劳动教育课程体系，需要进行教育方式的创新和优化，实现劳动课程育人。

第一，高校要打造系统的劳动教育课程。高校需要充分意识到劳动教育课程在学科建设、人才培育方面的重要作用，对课程系统、教材系统、师资系统及管理系统进行统一整合，继而结合高校学生就业岗位的素质要求，对学生进行劳动技能、劳动理论、劳动思维等多维度的系统教育。

第二，高校应全面开展劳动教育课程实践。掌握劳动技能和实现劳动育人均需在劳动实践中完成。高校需要创造合适的机会促使学生进行劳动实践。劳动实践并非简单地参加一些义务活动或勤工助学，而是深入企业的跟岗劳动，以此作为将来真正加入社会劳动的基础。

第三，高校应实施亲和式的劳动教育，使劳动教育更加贴近生活。

3. 完善劳动教育环境

构建劳动教育课程体系并非高校单个部门的责任，它需要全社会予以帮助，营造劳动教育的良好社会氛围。

第一，高校需强化网络媒体的引导作用。高校学生普遍使用网络媒体学习、交流。高校需要把握这一契机，利用网络媒体创作以劳动为主题的视频、图片作品，着力打造劳动教育媒体阵地，消除网络“泛娱乐化”对学生的负面影响。

第二，企业应提升劳动工人的经济待遇。高校的劳动教育与企业的发展休戚相关，企业解决劳动工人收入低廉、工作艰苦的现实困境问题，可促使高校的劳动教育更令人信服，继而推动学生在更加稳定、良好的教育环境中，专注于劳动技能的学习与自身素质的提升。

第三，高校需深化劳动教育的贯穿体系。高校需要深度对接中学劳动教育，打造坚固的劳动教育一体化体系。此外，高校学生的家庭也应做好劳动意识的培养工作，以此形成家校一体的劳动教育模式。

4. 建构劳动教育载体

高校构建劳动教育课程体系的关键要点，是打造适宜的劳动教育载体平台。第一，高校需强化“三全育人”载体建设。高校作为开展劳动教育的重要载体，需要始终秉持“三全育人”理念，推动全员、全过程、全方位育人，实现浸润式劳动育人模式的打造。教师在思政课程、专业课程中应积极宣扬劳模精神及工匠精神，落实以劳增智、以劳育德的政策指示。第二，高校需加强“工程实践”载体建设。“工程实践”对高校学生而言相当于实习实训。高校需在校内搭建实训基地，创造真实的劳动环境，使学生能够在校内锻炼自身的劳动技能，提升劳动素养。第三，高校需加强劳动教育宣传载体建设。高校需开展劳模评选、劳动奖励等活动，以激励的形式宣传劳动教育的重要性。在新媒体时代，合理利用新媒体打造宣传平台，可以有效增强劳动教育的现实性及感染力。

（二）重构课程目标、课程内容、课程实施、课程评价

劳动教育课程体系的建构是人才培养的核心，纵观当前高校劳动教育的发展现状，教材缺失、教师缺乏、劳动课缺位等问题使得劳动教育不断被窄化、虚化、弱化、淡化。由此可见，完善新时代劳动教育课程体系建设显得极为重要。美国著名课程理论家拉尔夫·泰勒在《课程与教学的基本原理》中提出了课程编制的“四段论”：目标、内容、方法、评价。劳动教育课程体系构建应以泰勒原理为基本，结合国家人才培养的发展需求，对课程目标、课程内容、课程实施、课程评价等方面进行重构。

1. 课程目标：正确认识劳动价值

根据泰勒的观点，课程目标是整个课程编制的起点，是另外三大环节的归宿，具有举足轻重的作用。目标的确定需要来自三方面的信息：对学生的研究、

对当代生活的研究以及学科专家的建议。目标基本确立后还可通过办学宗旨和心理学进行二次筛选。

（1）从宏观层面看

从宏观层面看，当前的教育目标聚焦于实现人的全面发展，根本任务指向“立德树人”，从自我发展和社会发展两个维度出发，其课程目标的界定不能仅限于学科视角，还需从核心素养的视角出发考虑人的发展，课程重心从教学转向育人，从能力转向素养。劳动教育应在立德树人根本任务的前提下，落实教育理念，兼具地域和校本特色进行目标建设。从微观层面看，劳动教育应强调人的自主性，从学生个体需要出发，将知识、能力、态度等作为考查的基本指标，实现从整齐划一到个性转变的课程目标，注重劳动体验，培养劳动兴趣，实现劳动技能创新。

（2）从知识指标看

从知识指标上看，当前的教育目标重视知识的培养，形成劳动知识学科体系。通过从易到难的课程结构，扎实累积知识，在重视劳动知识专业化、完整化的前提下，加强现实关联，形成以学生素养为导向、课程发展为逻辑起点的课程设计准则，实现知识理解—知识迁移—知识创新的递进与突破。具体表现为，在理解教学阶段，传授应知应会的基本知识技能，兼顾相关学科知识，融会贯通，实现学生智力的提升；在实践教学阶段，将抽象知识具体化，应用于生活并解决生活中的问题，对知识进行过程性学习、证实性学习；在思辨阶段，加强证伪性知识的学习，延伸类比应用，实现知识创新。

（3）从能力指标看

从能力指标上看，当前的教育目标侧重能力的积淀。知识与能力密切相关，知识的积累促进能力的产生，能力的应用加深知识的理解，二者相辅相成。劳动课程建构的目的之一是让学生具备技术技能，而技术能力的沉淀一方面来源于认知加工的学习能力，另一方面来源于动手操作的行动能力。其中学习能力包含输入样态的阅读能力、加工样态的思考能力以及输出样态的表达能力，这三大能力作为基本能力加深着学生对劳动知识的理解。行动能力，则以生活技能为基本，通过不同的专业门类、岗位门类，借助外在资源，进行针对性的技能训练。

（4）从态度指标看

从态度指标上看，当前的教育目标重视态度的形成，树立科学的劳动观念。劳动教育是落实立德树人根本任务的重要途径，因此增强学生的劳动认识，端正学生的劳动态度和劳动价值观是劳动教育的核心。态度目标主要是培养学生正确的劳动价值观，使其领会“劳动最光荣、劳动最崇高、劳动最伟大、劳动最美丽”的深刻道理，树立尊重劳动、热爱劳动、积极劳动的责任意识。

2. 课程内容：丰富劳动教育资源

课程内容是实现课程目标的基本手段，内容的设置、选择与组织是课程编制的重要组成，是对教什么、学什么的具体阐述。从整体上看，课程内容要丰富充实、选择趋向多元，能够接近生活、指导生活。劳动课程内容的设置要把握劳动教育的基础性、均衡性、科学性、关联性，以基本知识和技能为基础，以德智体美劳全面发展为目标，依托学生的身心发展规律，从生存场域出发，形成各学科、各阶段、各渠道相关联的劳动课程体系。

劳动课程内容的选择需要秉持三大准则：一是积极吸纳国际劳动教育教学经验，融合民族文化特色，构建民族的、现代的劳动教育读本；二是结合学校的发展状况、人文环境等特点与条件，完善校本课程内容；三是依托学生的能力水平、真实需求，将文化、个人与社会有机结合，实现对学生的生活教育，提升其综合素质。劳动课程内容的组织，要形成劳动素质与各学科素养共同发展的组织理念，注重学生发展阶段的纵向组织和校内校外整合的横向组织，加强劳动教育的理解性和过程性，将整体学习的逻辑教学、个别指导的心理教学贯穿始终。

劳动课程内容建构可具体划分为“1 本劳动教材 +3 类劳动课程”。劳动教材应着重从哲学、发展史、学科等层面进行建构。劳动哲学层面，以唯物史观为主线，比较各派的劳动哲学思想，解读中国劳动思想的认识论、方法论，揭示劳动的本质、价值、作用，以及劳动同人、自然、社会、科技的内在关系等内容，明确劳动与人自由全面发展的异化与正解。劳动发展史层面，以人类社会发展阶段为时间轴，分析劳动的实践形式、基本特征，产业革命的重大变化以及劳动发展的趋向。劳动学科层面，可分为两方面：一方面为劳动科学的内涵解读，从总体角度，明确劳动的学科性质、意义、研究方法以及学习劳动学科的目的、意义、方法和要求。另一方面，聚焦并列学科，涵盖劳动者在实践过程中所触及的各个方面，如劳动经济学、劳动法学、劳动社会学、劳动伦理学、劳动保障学、劳动管理学、劳动心理学等，通过学习关于劳动的学科知识，开阔学生的眼界，丰富学生的认知。

劳动课程以劳动目标为基准，形成三类课程。其一，以学科知识、劳动观念为主的认知类课程，如将认知类课程与思政教育相结合，对马克思主义的经典理论进行解读，厘清劳动教育的理论渊源、党在不同时期的劳动观点以及新时期的劳动理念，深刻体会劳动理论的一脉相承和与时俱进。其二，以劳动技能、实践体验为主的实践类课程，如将实践类课程与专业教育相结合，围绕专业教育的关键点，进行劳动指向、劳动属性的拓展，与实习实训、志愿服务相结合，巩固劳动教育的成果。其三，以实验研究、探索创新为主的创新类课程，如与创新创业相结合，实现劳动创新，增强创新创业的普适性、实效性。三类课程根据学生不同的发展阶段进行阶段性开设。

3. 课程实施：优化劳动教育模式

课程实施是授课者通过一定的方法策略引导学生对知识理解、领会、探究的过程。对于一门新课程来说，其实施过程必定是动态、灵活的。在初始阶段，课程实施要最大限度地遵循课程计划。随着课程开展广度、深度的加强，要不断调整课程内容、优化资源配置以适应变化的教育情境。以劳动知识整体化、劳动教学情景化、劳动实践阶段化、劳动学习自主化、劳动意义价值化为教学策略，与时俱进更新课程内容、转变教学方式、加强师资建设、改善教育环境等，以此推进新课程的发展。

（1）在教学方式层面

在教学方式层面，高校应结合劳动本身实践、行动的特质，加强体验性、合作性、探究性的教学方式，通过体验性教学实现劳动自治，培养学生的生活技能、劳动习惯，使其树立尊重劳动、热爱劳动的意识，端正劳动态度，增强家庭责任感、社会责任感；通过小组合作的方式，提高学生的交往能力、协作能力；加强以学生为中心的课堂教学，促进学生的个性发展，培养学生的思辨能力，激发学生的主动性、创造性。

（2）在师资队伍建设层面

习近平总书记曾强调，人才培养的关键在教师。高校加强劳动教育需要借助多渠道搭建一支专业化、复合型、双师型、社会型、高水平的劳动教育师资队伍。一要成立劳动教育教研室，探索劳动教育规律，总结劳动教学经验。二要拓展师资来源，设立专兼职结合的劳动教师体系，积极引进企业能工巧匠，邀请劳动模范、大国工匠等优秀社会人士，强化师资队伍的工匠情怀、劳模精神。三要加强教师素养的提升，定期开展专业培训，鼓励教师参加基层实践，将劳动元素融入人才培养方案，强化劳动教育的影响，充分发挥教师在劳动教育中咨询、指导、合作的角色作用，有效促进师生劳动素养的共同提高。

（3）在教学环境层面

在教学环境层面，构建多渠道、多领域的教育教学环境系统。从外部环境来看，加强与社区的合作，将劳动教育融入志愿服务，利用社区、街道、福利院等公共资源建立服务基地，开展劳动支教、劳动宣讲、慰问演出等活动；加强与企业的合作，推进产教融合，实现以劳动教育为链接的校企利益共同体，充分掌握行业发展需求，了解数字化对企业的改变，及时改革专业教学；加强与家庭的合作，进一步巩固劳动教育成果。从内部环境来看，做好校内劳动资源开发，建设数字化实验室，开设手工、技能社团，借助媒体矩阵，宣扬劳动精神，打造劳动品牌的校园文化。

劳动教育模式创新的关键在于构建情境，从真实情境中搭建认知路径，提高自我素养。劳动课程的知识内容要与学生的生活、情感、生命相连接。通过生活化、具体化、形象化、情趣化、问题化、思维化的内容讲解、演练，学生养成劳动习惯、体味劳动不易、融入意志情绪、感知劳动快乐、正视劳动价值、思考劳动创新、提高劳动效率，切实达到劳动教育的预期效果。

4. 课程评价：提升劳动教育效果

课程评价包括对学生、教师、课程、教学等的多维度评价，通过评价可以确定课程目标的实现程度，及时修订课程内容、转变教学方式，对预测教育方向也起到相关作用。劳动教育作为价值认同、价值涵养的重要组成部分，其评价不仅涵盖工具理性，更要体现人文关怀。

（1）要完善对学生素养的评价

结合劳动教育本质，劳动课程的评价方式不再局限于量化的试卷考查，而是将日常观察、发展评估、综合素质、质化考量纳入其中，切实让学生有所知、有所思、有所用、有所行。评价主体从一元变为多元，仍以学生为主，与此同时，教师评价、学校评价、家庭评价、专家评价贯穿其中，注重学生的主体性、参与性，实现对劳动课程教育效果的全方位评价。

（2）要注重对教师能力的评价

对教师能力进行评价有利于提高教学质量，完善课程建设。该评价内容具体包含：教师本身的劳动价值观念，如能否以身作则、躬行实践、为人师表；教师的专业技术功底，如能否不断充实自己、学习前沿、探索未知；教师的教学能力，如是否有较高的心理素质，能否因材施教，能否掌握学生的劳动技能需求，如能否将信息教育与劳动教育有效融合；教师的创新素养，如是否善于发现问题、喜于钻研问题，积极探究各学科之间的关系。

（3）要加强对教学过程的评价

劳动课程的评价范围涵盖课程目标、课程内容、课程实施过程与结果，以知能并存、实践应用、科学探究、思维创新为指向进行追踪分析，通过了解学生的劳动观念、实践反馈、毕业去向、就业质量等操作性、指导性的指标，形成教育过程与结果的良性互动，实现劳动教育课程体系的闭环。

建立课程评价体系，有利于研判劳动教育方向，细化劳动教育目标。例如，将培养目标与培养效果、劳动人才定位与经济社会发展需求、劳动教育教师与劳动教育资源、学生劳动表现与用人单位满意度等评价指标进行分析，及时调整劳动教育目标与规划，通过持续跟踪评价，及时发现教学过程中的偏差，分析出现的问题、问题产生的原因，针对有效反馈，确保劳动教育各项举措的落实。

（三）劳动教育融入“思想道德修养与法律基础”课程

1. 劳动教育融入“思想道德修养与法律基础”课程的意义

（1）促进“思想道德修养与法律基础”课程内容的整合

“思想道德修养与法律基础”课程是一门融思想性、政治性、科学性、理论性、实践性于一体的思想政治理论课，是中宣部、教育部规定的大学生必修思想政治理论课之一，是高校进行素质教育的核心课程，也是对大学生进行系统的思想政治教育的主渠道和主阵地，承担着引导学生树立马克思主义的世界观、人生观、价值观、道德观和法治观，培养具备优秀的思想道德素质与法治素质、能够自觉担当民族复兴大任的时代新人的任务。

《思想道德修养与法律基础》教材于 2006 年出版。为了更及时、更充分地反映党的理论创新成果和实践创新成果，中宣部、教育部组织课题组在广泛调研的基础上，分别于 2007 年、2008 年、2009 年、2010 年、2013 年、2015 年、2018 年对教材进行了 7 次修订。这使得《思想道德修养与法律基础》教材的课程内容得以不断丰富和完善，同时，也增强了该教材的指导性、时代性和针对性。然而，随着十八大以来，习近平总书记对劳动教育的重视，尤其是《意见》的发布，将劳动教育融入“思想道德修养与法律基础”课程，无疑会进一步促进“思想道德修养与法律基础”课程内容的整合，使之更符合新时代高校思想政治理论课的课程要求。

（2）助力高校大学生人生价值的实现

出于人的社会属性，人们都期待在实践中实现自己的人生价值。然而，由于长期以来，社会转型期消费主义、享乐主义的滋生，不劳而获的思想不断蔓延；加上一直以来的应试教育和之前的独生子女政策的影响，家长往往只关心孩子的学业成绩，体力劳动和生产劳动在家庭教育中被忽视；此外，学校也普遍忽视学生劳动观念和劳动习惯的培养，甚至出现把劳动当惩罚手段的情况，在社会、家庭、学校的合力作用下，青少年往往劳动观念淡薄，劳动态度消极，甚至出现鄙视劳动的不良现象。

值得注意的是，这一问题并非无解。劳动作为实现人的全面发展的重要途径，劳动教育作为有组织、有计划的以培养学生劳动价值观和劳动品质为目的的教育活动，将劳动教育融入思想品德教育中，加强劳动教育，可以引导学生形成正确的劳动观，树立劳动最光荣、劳动最崇高、劳动最伟大、劳动最美丽的观念；体会劳动创造美好生活，体会劳动不分贵贱，热爱劳动，尊重普通劳动者，培养勤劳、奋斗、创新、奉献的劳动精神，从而达到劳动与思想的双丰收，助力高校大学生人生价值的实现。

2. 劳动教育融入“思想道德修养与法律基础”课程的途径

（1）以专题理论教学为渠道开展劳动教育

“思想道德修养与法律基础”是针对大学生成长过程中面临的思想道德问题和法律问题而开展的对其进行马克思主义世界观、人生观、价值观、道德观和法治观教育的课程。围绕这“五观教育”，教材共分为六章。其中，涉及劳动教育相关理论知识的有：在第一章讲人的本质这一问题时，会涉及马克思历史唯物主义的劳动价值观，即劳动创造人本身，劳动创造世界，劳动创造历史；此外，在第二章讲到正确的人生观时，会涉及工匠精神和劳动模范；在第三章讲到以改革创新为核心的时代精神时，会涉及公民应该具备“创新”的劳动精神；进一步地，在第四章讲到社会主义核心价值观中培养什么样的公民时，会讲到公民应该具备敬业、诚信的劳动精神；不仅如此，在第五章讲职业道德的问题时，更是强调要坚守“爱岗敬业、诚实守信、办事公道、服务群众、奉献社会”的职业道德规范，树立正确的择业观和创业观，同样涉及劳动精神和劳动态度的问题；最后，在第六章讲到民法的问题时，还会涉及与大学生就业密切相关的《中华人民共和国劳动法》。

由此可见，每一章都或多或少有劳动教育的相关理论知识，但分散在各个主题之下，并没有单独成章。2019 年 6 月，《“思想道德修养与法律基础”专题教学指南》开始试行，将课程设置为 4 个板块 16 个专题，第一个板块即专题一对应绪论部分，在专题教学中具有导论的地位和功能；第二个板块由专题二至专题九 8 个专题构成，属于世界观、人生观、价值观教育层面的内容；第三个板块由专题十至专题十二 3 个专题构成，属于道德观教育层面的内容；第四个板块由专题十三至专题十六 4 个专题构成，属于法治观教育层面的内容。

专题划分整合了课程内容，有效地增强了教学的思想性、理论性以及亲和力和针对性。鉴于此，高校可以将“劳动观”作为世界观、人生观、价值观、道德观和法治观这“五观”之外的第六观加入教材内容，围绕劳动价值观和劳动品质单独设立关于“劳动教育”的专题，以课堂中的专题理论教学为渠道开展劳动教育，从而将劳动教育有机融入高校“思想道德修养与法律基础”课程中。

（2）以实践教学为平台实行劳动教育

“思想道德修养与法律基础”课程由理论教学和实践教学两部分组成。早在 2018 年 4 月 13 日，教育部就发布了《新时代高校思想政治理论课教学工作基本要求》，文件明确规定，“思想道德修养与法律基础”课程设置 3 学分，从现有学分中划出 1 个学分开展思想政治理论课实践教学，学生既可通过参加教师统一组织的实践教学获得相应学分，也可通过提交与思想政治理论课学习相关的实践成果申请获得相应学分。

基于此，还可以开展“劳动教育”这一专题的实践教学，通过实践教学的方式来实行劳动教育。考虑到劳动教育可分为日常生活劳动、生产劳动和服务性劳动三部分内容，围绕“劳动教育”专题而开展的实践教学，也可以设置以“日常生活劳动”为主题的实践教学、以“生产劳动”为主题的实践教学和以“服务性劳动”为主题的实践教学三大板块。其中，以“日常生活劳动”为主题的实践教学可以是与学生日常生活密切相关的劳动教育，例如，开展“宿舍卫生大扫除”“美丽校园 · 我在行动”“21 天劳动习惯养成大比拼”等活动，以此来引导学生热爱劳动，尊重普通劳动者，养成良好的劳动习惯；而以“生产劳动”为主题的实践教学则可以与学生的专业相结合，利用学校已有的实践平台，开展下企业锻炼等相关活动，帮助学生积累职业经验，提升就业创业能力，树立正确的择业观和创业观；以“服务性劳动”为主题的实践教学则可以深入企业、社区、农村开展专业服务，在志愿服务的过程中培育学生的公共服务意识，使其具有面对重大疫情、灾害等危机时主动作为的奉献精神。

（3）以考核机制为保障实现劳动教育

在将劳动教育融入高校“思想道德修养与法律基础”课程的过程中，除了要以专题理论教学为渠道开展劳动教育、以实践教学为平台实行劳动教育之外，还要以考核机制为保障来实现劳动教育，切实将“劳动教育”专题理论教学和专题实践教学纳入整个“思想道德修养与法律基础”课程的考核当中，并且在考核过程中注重过程考核，增加平时成绩在总成绩中的比重。例如，在专题理论教学中，考虑将学生日常的提问、回答问题的次数和准确率作为平时成绩的一部分；而在实践教学过程中，考虑将学生参与活动的积极性和实际成果纳入平时成绩。同时保证所有的学生在开学第一课中，明晰“思想道德修养与法律基础”课程的考核方式和具体考核内容，让学生从一开始便提高对“劳动教育”的重视程度。以考核机制为保障实现劳动教育，是将劳动教育融入高校“思想道德修养与法律基础”课程的必要途径，也是高校思想政治理论课与劳动教育相结合的当务之急，需要充分重视。

第四章　新时代劳模精神、创新精神与创新实践

劳动模范是工人阶级的优秀代表，是时代的引领者，他们在中国革命、建设、改革的各个历史时期都发挥了先锋模范作用。当代青年要积极学习他们爱岗敬业、争创一流、艰苦奋斗、顽强拼搏、淡泊名利、甘于奉献的劳模精神，让劳模精神成为我们追求的一种风尚，成为指引我们工作、学习、生活的风向标，传承、弘扬劳模精神，奋勇前进，不断创新，做一名新时代的劳动者。

第一节　新时代劳模精神

一、劳模的内涵

劳模是劳动群众的杰出代表，是最美的劳动者。

（一）劳模的含义

劳模，即劳动模范的简称。劳动模范是工人阶级的优秀代表，是民族的精英、国家的栋梁、时代的先锋、人民的楷模。

（二）劳模评选的条件

全国劳动模范和先进工作者必须热爱祖国，坚决拥护中国共产党的领导和社会主义制度，高举中国特色社会主义伟大旗帜，带头学习贯彻新时代中国特色社会主义思想，认真执行党的路线方针政策，模范遵守党纪国法，增强“四个意识”、坚定“四个自信”、做到“两个维护”，在本职岗位上奋发进取、拼搏奉献，以永不懈怠的精神状态和一往无前的奋斗姿态，积极为实现中华民族伟大复兴的中国梦贡献力量，在群众中享有较高威信。一般应获得过省部级表彰奖励，并具备下列条件之一。

①在坚持新发展理念，建设现代化经济体系，加快建设创新型国家，完善

社会主义市场经济体制，推动高质量发展，转变发展方式，优化经济结构，转换增长动力，防范化解重大风险方面做出突出贡献的；

②在深化供给侧结构性改革，积极去产能、去库存、去杠杆、降成本、补短板，加快建设制造强国，发展先进制造业，建设知识型、技能型、创新型劳动者大军方面做出突出贡献的；

③在大力实施乡村振兴战略和区域协调发展战略，推动农业农村优先发展、城乡融合发展，加快推进农业农村现代化，支持革命老区、民族地区、边疆地区、贫困地区加快发展，优化区域发展格局，推动区域优势互补方面做出突出贡献的；

④在推动全面深化改革，坚持和完善中国特色社会主义制度，推进国家治理体系和治理能力现代化，深化全面依法治国实践，破除思想痼疾和体制机制弊端方面做出突出贡献的；

⑤在坚定文化自信，推动社会主义文化繁荣兴盛，激发全民族文化创新创造活力，推动文化事业和文化产业发展，推进建设社会主义文化强国方面做出突出贡献的；

⑥在全面建成小康社会，改善民生水平，坚决打赢脱贫攻坚战，办好人民满意的教育，促进更充分更高质量就业，加强社会保障体系建设，实施健康中国战略，加强和创新社会治理，有效维护国家安全，保卫人民生命财产安全方面做出突出贡献的；

⑦在加快生态文明体制改革，建设美丽中国，推进绿色发展，着力解决突出的环境问题，加大生态系统保护力度，坚决打赢污染防治攻坚战方面做出突出贡献的；

⑧在坚持和加强党的全面领导，坚持党要管党、全面从严治党，推进党的政治建设、思想建设、组织建设、作风建设、纪律建设，深入推进反腐败斗争，不断提高党的执政能力方面做出突出贡献的；

⑨在坚持“一国两制”，推进祖国统一，推进国防和军队现代化，坚持和平发展道路，坚持对外开放，推动构建人类命运共同体方面做出突出贡献的；

⑩在其他方面做出突出贡献的。

二、劳模精神

“爱岗敬业、争创一流、艰苦奋斗、勇于创新、淡泊名利、甘于奉献”的劳模精神，生动诠释了社会主义核心价值观，是我们的宝贵精神财富和强大精神力量。

（一）劳模精神的内涵

劳动模范是时代的先锋、民族的楷模，他们身上承载和彰显的劳模精神一直发挥着引领作用，丰富和拓展了中国精神的内涵，充分展现出我国新时代工人阶级和劳动群众的高度自信，已成为社会主义核心价值体系的重要组成部分。

劳模精神主要体现在以下几个方面。

1. 爱岗敬业、孜孜不倦

爱岗敬业是爱岗和敬业的总称，爱岗指热爱自己的工作岗位，热爱本职工作，这是职业道德的基础，它与敬业互为前提、相辅相成。即使面对的是乏味的、枯燥的工作，也能以一颗赤诚之心孜孜不倦地投入其中。

2. 争创一流、勇当源头

争创一流，就是要做得比其他人强，敢于争当标兵，敢于做他人的榜样；勇当源头，就是要进行大胆的尝试，有勇气，有决心，排除万难，勇于开创。劳模们就是凭借这样一种精神，在自己的工作岗位上刻苦钻研，让平凡的工作成为自己崇高的事业的。

3. 艰苦奋斗、顽强拼搏

艰苦奋斗、顽强拼搏、自强不息，自古以来就是中华民族的传统美德。勤劳勇敢的中国人民正是凭借这种精神，让饱经沧桑的中华民族屹立于世界的东方。在建设中国特色社会主义现代化的进程中，艰苦奋斗、顽强拼搏的精神在劳模身上显得更加明显、更加突出。

4. 淡泊名利、甘于奉献

“人世间的美好梦想，只有通过诚实劳动才能实现。”盘点劳模，我们就能发现他们身上具有的淡泊名利、甘于奉献的特质，不论眼前的事物多么纷繁，他们总是能穿越迷雾，坚定地向自己心中设定的目标前进、奋斗。心无杂念，淡泊名利，宁静致远，劳模们用他们的实际行动诠释着一名普通劳动者应该有的人生态度。

5. 砥砺奋进、开拓创新

劳模精神永不过时。无论时代怎样变迁，劳动模范始终都是时代的领跑者，是时代最为蓬勃向上的力量。新时代涌现出越来越多的智慧型劳模和创新型劳模，他们开拓创新、刻苦钻研、勇于担当，不断谱写时代发展的新篇章。

（二）中国劳模精神的历史嬗变

回首中国革命和建设走过的风风雨雨，中国劳模精神简明而深刻地展示着近现代中华民族不同时期人文精神的演进与发展，鲜明而自然地体现了我们伟大的民族能够与时俱进、开拓创新的时代精神，凝重而浪漫地述说着中华民族的时代思想与情愫，准确而完美地展示了中华民族顽强拼搏、自强不息的崇高品格。

1.“能手加英雄”：中国劳模精神的萌芽期（20 世纪 30—40 年代）

中国劳模群体的出现并不是偶然的，它正是在中国共产党建立了红色革命政权以后，在中华苏维埃共和国临时中央政府诞生于瑞金后，在边区财政经济困难的情况下，在毛泽东同志的亲自领导下，为了团结群众、发动群众而形成的，是中央苏区经济建设需要的历史产物。陕甘宁和晋绥边区、晋察冀和晋西北革命根据地开展了大生产运动和各项建设，寻找典型和树立典型劳动模范，掀起了党的历史上第一次真正意义上的大规模劳模运动，并对劳模精神的产生起到了关键作用。革命战争年代的劳模群体做出了重大贡献，呈现出“为革命生产劳动、为革命拼命献身、为革命苦干巧干”的“革命型”特征，劳模精神开始萌芽。革命战争年代的劳模精神为劳动人民提供了强大的精神动力，极大地推动了根据地的物质生产，加快了党领导下的新民主主义革命胜利和新中国成立的进程。

劳模精神萌发孕育于革命战争年代。革命战争年代的劳模秉承着井冈山精神，胸怀延安精神和南泥湾精神，战胜了一个又一个困难，为新民主主义革命的胜利做出了巨大贡献。

2.“苦干加实干”：中国劳模精神的雏形期（20 世纪 50—70 年代）

中国共产党沿袭革命战争时期开展大生产运动和劳动竞赛的做法，动员广大工人和农民积极投入新中国社会主义经济建设中，并大力开展劳模评选表彰。从 1950 年到 1979 年共召开了 9 次全国劳模表彰大会，共表彰劳动模范、先进工作者和先进生产者 13 600 余人。劳模群体在艰苦的环境中练就了坚毅品质和勤劳品格，继承了踏实朴素、艰苦奋斗的优良传统，为了新中国的发展建设，他们愿做老黄牛、勇当拓荒牛、甘为孺子牛，勤勤恳恳、无私奉献、坚忍不拔、顽强拼搏、开拓奋进的“老黄牛精神”成了新中国成立到改革开放前中国劳模精神的时代内核，激励和鼓舞着中国人民独立自主、艰苦奋斗、自力更生，在社会主义初级阶段建设的各个方面都发挥了极大的作用，构筑了一座不朽的精神丰碑。

3.“科技加创新”：中国劳模精神的发展期（20 世纪 80 年代至今）

从 1980 年至今，党和国家共召开 6 次劳模表彰大会，在会议名称和召开时间上开始统一，都称为“全国劳动模范及全国先进工作者表彰大会”，每五年举行一次，并且都是在“五一”国际劳动节前召开。改革开放后，劳模（包括劳动模范和先进工作者）评选表彰范围不断扩大，从 20 世纪 90 年代中叶开始向在社会主义经济建设和教育科学卫生体育等领域做出贡献的人倾斜，这个标准被沿用至今。当代中国劳模身上体现出“爱岗敬业、争创一流、艰苦奋斗、勇于创新、淡泊名利、甘于奉献”的劳模精神，生动体现了当今的时代精神特色，为中国经济社会发展、中国特色社会主义现代化建设、实现中华民族伟大复兴的中国梦汇聚了强大的动能。

三、劳模精神的弘扬

全社会都应该尊敬劳动模范、弘扬劳模精神，让诚实劳动、勤勉工作蔚然成风。

弘扬劳模精神是中国共产党在新时代的伟大历史征程中吹响的又一次号角。党的十八大以来，以习近平同志为核心的党中央高度重视弘扬劳模精神，明确阐述劳模精神的时代内涵，明确给予劳模精神新的时代定位，明确劳模精神的发展方向和历史使命，明确肯定弘扬劳模精神的积极作用和意义。通过广泛开展劳模选树表彰活动，肯定劳模的历史贡献，健全完善劳模管理制度，提高劳模的政治待遇、经济待遇和社会待遇，号召全社会向劳模致敬，为劳模发挥作用搭建了宽广舞台。新时代、新征程、新起点，我们必须通过不断探索、创新方法和途径来弘扬劳模精神，迎接新时代中国发展新的挑战和机遇。

（一）弘扬劳模精神的方法

为弘扬劳模精神，全社会都要贯彻“尊重劳动、尊重知识、尊重人才、尊重创造”的重大方针。其目的在于最广泛、最充分地调动一切积极因素，凝聚一切积极力量，为中国特色社会主义现代化建设获得取之不尽的力量源泉。

1. 必须提倡尊重劳动

劳动“是一切人类生活的第一个基本条件，而且达到这样的程度，以至于我们在某种意义上不得不说：劳动创造了人本身”。劳动是人类最基本和最重要的社会实践，是人类生存和发展的基础和根本前提，是推动历史前进的动力。因此包括体力劳动和脑力劳动、简单劳动和复杂劳动、抽象劳动和具体劳动在内的一切劳动都应当受到尊重。我们要注意纠正两种错误观点：一是认为只有体力劳动才是劳动，不把脑力劳动作为劳动来看待；二是认为“劳心者治人，劳力者治于人”，轻视、歧视、鄙视体力劳动。尊重劳动就要尊重劳动者创造的价值，无论是物质价值还是精神价值；就要维护劳动者的尊严，保障劳动者的基本权益；实质就是尊重劳动者，不仅包括工人农民、知识分子，还包括改革开放以来出现的新的社会阶层。

2. 必须提倡尊重知识

知识，是人类创造的，是人类长期以来在社会实践中总结出来的经验和智慧，并被人类使用来武装人、充实人和发展人。“知识就是力量。”知识是人最为宝贵的财富，既可以转化为物质力量，创造物质财富，又可以是精神力量，激发人的斗志，给人以启迪，给人以无限希望。知识是人类创造和使用的，尊重知识就是尊重人类自己；知识是人类实践的成果，尊重知识就是尊重历史文明；我们称拥有大量丰富知识的群体为知识分子，尊重知识就是尊重知识分子；知识，尤其是科学知识，推动和发展着人与人类社会，尊重知识就是尊重科学技术。尊重知识集中凸显于要重视教育，在发展科学技术上下功夫，把科学技术搞上去。尊重知识以尊重劳动实践为前提，是尊重劳动的必然要求。

3. 必须提倡尊重人才

当今世界各国综合国力的竞争，归根结底就是人才的竞争。人才是实现民族振兴、赢得国际竞争主动的战略资源。“两个一百年”奋斗目标和中华民族伟大复兴中国梦的实现都离不开人才。新时代，我们需要树立正确的人才观念，以提高人才培养质量为己任，弘扬当代中国劳模精神，营造培育人才的时代风尚，使技能宝贵、创新光荣、创造伟大、人才可贵成为全社会的共识。依靠人才、重视人才、用好人才、关爱人才，充分发挥各类人才的作用，搭建人才施展抱负的宽阔舞台，完善人才流动和管理机制，落实好待遇保障，让人才不断创造新业绩。

4. 必须提倡尊重创造

在经济全球化和现代化的背景下，实现“两个一百年”的建设目标，建设富强民主文明和谐的中国特色社会主义现代化国家和实现美丽的中国梦，从根本上要依靠劳动，依靠中国广大劳动人民群众的创造。创造是推动人类社会文明进步的持久力量和基本方式，一切创造，无论是个人创造还是集体创造，无论是物质创造还是精神创造，都值得尊重和鼓励。从某种意义上讲，创造是人有意识地对世界进行探索性劳动的行为和过程，一般都带有创新性特点，所以尊重创造也就是尊重创新。劳动贵在创造，没有创造，劳动只能是简单的重复；科技贵在创新，没有创新，科技只能是不停地倒退。

（二）弘扬劳模精神的意义

劳模精神是工人阶级先进性的集中体现。在中国革命、建设、改革的各个历史时期，我国工人阶级都具有走在前列、勇挑重担的光荣传统，我国工人运动都同党的中心任务紧密联系在一起。劳动模范作为工人阶级的优秀代表，是时代的引领者，在工作生活中发挥了先锋和排头兵作用，他们以辛勤劳动、诚实劳动和创造性劳动，持续推动着社会进步、国家发展和民族复兴。劳模精神作为劳动模范的思想内核、行动指南和精神灯塔，成为推动时代前进的强大精神动力，充分体现了工人阶级先进性的主体地位，彰显了工人阶级的伟大品格，推动了工人阶级的成长进步。

第一，劳模精神是工人阶级主人翁意识的集中凸显。主人翁意识是劳模精神的内在本质。正是因为自觉的、强烈的主人翁意识，劳模才以车间为家、以厂为家、以企为家、以国为家，才具有积极主动的岗位意识、职业意识、进取精神和创新精神，才能够在本职工作中充分发挥积极性、主动性和创造性，才能够艰苦奋斗、淡泊名利、甘于奉献，自觉把人生理想、家庭幸福融入国家富强、民族复兴的伟业之中，最终建构起个人与集体、个人梦与中国梦、小家与国家民族融合统一的发展共同体和命运共同体。

第二，劳模精神是社会主义核心价值观的生动诠释。劳模精神的重要元素和构成因子，如岗位意识、职业精神、进取精神、拼搏精神、创新精神、家国情怀和奉献精神等，是对社会主义核心价值观的生动诠释和现实呈现。可以说，劳模精神是社会主义核心价值观的具象化、人格化和现实化。一方面，劳模是遵循社会主义核心价值观的典范样本，是社会主义核心价值观的模范实践者、生动传播者和最有说服力的检验者；另一方面，劳模之所以能够成为全社会学习的典范，一个重要原因就在于其主动自觉地遵循并践行了社会主义核心价值观。

第三，劳模精神是时代精神的生动体现。劳模精神是引领时代新风的精神高地，生动体现了时代精神的精神实质、主要特征和重要内容。一方面，劳模精神具有鲜明的时代特征，是时代精神的生动体现。作为一种文化精神，劳模精神不是一成不变的，而是实践的、创新的、鲜活的、生动的存在，随着国家意识形态、经济社会形势的变化和时代的变迁而不断演变发展。另一方面，劳模精神推动了时代精神的发展，丰富了时代精神的内涵。劳模精神不断为时代精神注入新能量，凸显并丰富着时代精神的内涵。

第四，劳模精神的核心要素是工匠精神。从本质上讲，工匠精神是一种基于技能导向的职业精神，它源于劳动者对劳动对象品质的极致追求，它具有精益求精、专注执着、严谨慎独、创新创造、爱岗敬业以及情感浸透、自我融入的基本内涵，既表现了极致之美的品质追求，又体现了敬业之美的精神原色，更展现了创造之美的价值升华。工匠精神是劳模精神的重要构成要素，也是劳模精神当代品格的核心体现。工匠精神充分凸显了新时代劳模精神爱岗敬业、精益求精、追求卓越的精神品质和价值导向，可以说，工匠精神是对劳模精神的重要深化和丰富发展。

第五，劳模精神是培育时代新人的重要手段。一方面，劳模精神作为社会主义核心价值观的生动体现，更容易为人们所接受，更方便为人们所模仿，将对培育时代新人起到重要推动作用。另一方面，通过强化教育引导、舆论宣传、文化熏陶、实践养成、制度保障，培养和造就具有劳模精神的时代新人，就能够激发广大劳动者干事创业的积极性、主动性和创造性。因此，要紧密围绕培养时代新人这个重大命题，在全社会特别是各级学校教育中培育、弘扬和践行劳模精神，引导全社会特别是青少年树立正确的劳动价值观，全面提升劳动者的整体素质和精神品格。

第六，劳模精神是实现伟大复兴中国梦的重要力量。一方面，劳模精神是实现伟大复兴中国梦的宝贵精神财富。在全社会弘扬和践行劳模精神，营造尊重劳动、尊重知识、尊重人才、尊重创造的社会氛围，涵养以辛勤劳动为荣、以好逸恶劳为耻的社会风气，培育积极健康、开放包容的社会心态，才能够让“劳动光荣、创造伟大”成为时代强音，让“辛勤劳动、诚实劳动、创造性劳动”成为普遍认同的价值遵循。另一方面，劳模精神是实现伟大复兴中国梦的强大精神力量。要实现伟大复兴的中国梦，实现从制造大国向制造强国的华丽转身，建设知识型、技能型、创新型劳动者大军，必须大力弘扬和践行劳模精神。如此，才能真正为中国经济社会发展汇聚强大正能量，才能真正为实现中华民族伟大复兴的中国梦增砖添瓦。

四、做新时代的劳动模范

党的十九大报告中指出，要建设知识型、技能型、创新型劳动者大军，弘扬劳模精神和工匠精神，营造劳动光荣的社会风尚和精益求精的敬业风气。就其精神载体来看，劳模精神与工匠精神、中华文化具有一脉相承的价值底蕴和价值导向。将劳模精神内化为意志品质，用干劲儿、闯劲儿、钻劲儿激发更多的新时代青年勇做“实干兴邦”的“代言人”，彰显了新时代劳模精神的崭新价值意蕴。

（一）新时代劳动模范精神的价值意蕴

1. 从内容上看，新时代劳模精神是马克思主义劳动观的生动展现

“劳动创造了人类社会，劳动推动了人类社会的发展，劳动是价值和财富的源泉。”社会主义制度下的劳动不再是异化的，而是体现平等、回应人的本性，这为新时代劳模精神的产生提供了丰沃的土壤，而劳模精神也在中国特色社会主义进入新时代的征程中不断发挥凝聚力、生命力、创造力。新时代劳模精神，需要立足新时代、把握新矛盾、学习新思想、掌握新方略、迈上新征程。

2. 从地位上看，新时代劳模精神是中华优秀传统文化的时代结晶

回顾中华文明史，中华文化源远流长，有中华优秀传统文化、革命文化、社会主义先进文化，贯穿其中的劳动人民的生产实践及其凝练出的劳模精神，又在新的时代条件下再生再造、凝聚升华。从钻木取火到大禹治水，从《管子·地数篇》到《天工开物》，无不凝结着劳动者踏实朴实、甘于奉献的精气神，这种精气神传承了中华文化的因子，为劳模精神和中华文化在推动中华民族向前发展的进程中注入了强大的精神动力。

3. 从目标取向上看，新时代劳模精神根植于中国共产党领导中国人民进行的长期奋斗

新中国成立以来，我国经历了1976年的唐山大地震、1998年的长江特大洪水、2003年的SARS、2008年的汶川地震、2020年爆发的新型冠状病毒性肺炎疫情。然而，多难兴邦，在一场场具有许多新的历史特点的伟大斗争中，中国共产党始终是中国人民和中华民族的中流砥柱，有了这个主心骨，无论是科研攻坚者还是坚守一线者，无论是外卖人员还是“90后”护士，都在埋头苦干、躬身实践、共克时艰中造就了中国奇迹，实现了劳动创造幸福的价值引领。

（二）构建新时代劳动教育的新范式，提升劳模精神育人的实际效果

新时代劳动教育以马克思主义劳动观与新时代中国特色社会主义思想关于劳动重要论述的时代价值为指引，突出“原味”，添点“鲜味”，寻求劳模精神教育与新技术、新工具、新手段的有机融合，探索“立体劳动、智慧劳动、阳光劳动”的劳动育人模式。通过专业式引导、嵌入式教学、开放式共读、互动式交流的“四式”教学法，劳动教育能够互联互动，实现在线劳动教育资源

共享、教育共同体共筑、教育教学活动共联的共建目标，努力让新时代劳动教育入脑入心，让劳模精神内化、升华。

1. 专业式引导

“广大劳动者无论从事什么样的职业，都要勤于学习、善于实践，踏实劳动、勤勉劳动，在工作上兢兢业业、精益求精。”劳模精神的培育需要专业式引领，要在贯穿、结合、深入上下功夫，逐步厚实劳模精神的教育内涵；仔细梳理各门课、各环节所承载的劳模精神元素和蕴含的劳动模范先进典型；从历史、文学课中致敬普通一线劳动者，见贤思齐，学习艰苦奋斗的优良传统，点亮共产党人的政治本色；从工科、理科的专业课程中，习得专业化技能，融入精益求精的工匠精神，提高自主创新实践能力，增强专业认同感；从思政课中感知马克思主义劳动观的思想光芒，理解新时代劳动教育的价值意蕴，树立正确的劳动观，渗透职业认同感，打造劳动教育的“金课”。

2. 嵌入式教学

新时代劳动教育需要体系化构建，加强教育的顶层设计，切实发挥课程的教育力。这是一次集 PBL 项目式教学、线上线下联动教学法的体验式劳动教育，通过“做中学”的理念，虚拟的线上阶梯教室也能营造出真实的学习体验。以劳动教育活动为引领，让每一个学生在精益求精、吃苦耐劳、锐意进取中淬炼精神，让强化社会责任和奉献精神的自我提升之路有陪伴、有目标、有思路、有信心、有底气。

此外，以学生喜闻乐见的方式渗透劳动教育的理念，成立“学习宣传劳动教育学生宣讲团”，让同学们走进班级、社区、家庭、敬老院、中小学等，让宣讲“有朝气、接地气”，实现内部滚动式自我学习。同时，“田野课堂，自然为书”的研学活动，成为不少高校暑期“三下乡”的精品探索，从实践基地到历史名城，从田间地头到科学探索，在亲身体验中让劳动模范的精神滋养育人初心。

3. 开放式共读

读书，这一老生常谈的问题，经常是教师倡导得多、学生响应得少。即便参与，也是在固有模式下，单枪匹马，缺乏可持续的源动力。团队共读，应秉承“核心 + 开放”的原则，开展劳动教育“有字之书”的共读学习圈活动，还要在实践中读劳动之“无字之书”，让学生感知到踏踏实实的劳动带给我们心灵的滋养，进而形成紧密的互助共同体。

采用“社群运营”的手段进行管理，以直播“带货”的方式对共读成果进行推介，通过赋权激发学生的内部动能，形成主客体间正向循环，结构化、有目标，提升自我效能感，让一对多、多层次、可持续的劳动引领成为可能，契合马克思主义政党与时俱进的理论品格。

4. 互动式交流

新时代劳模精神的培育对象是“00后”，这是一群伴随着互联网的发展成长起来的“网络原住民”，故而“不珍惜劳动成果、不想劳动、不会劳动”的现象会更突出。要想点对点、键对键、面对面地了解当代大学生劳动教育的诉求，进而开展契合度高的教育活动，需要进行互动式交流，而交流的前提是聚合力量，以关照人的内在劳动需要为切入点，实现“三变”，即活动参与群体由“加法”变“乘法”，发展模式由“发散”变“聚合”，运行方式由“封闭”变“共享”，通过多样化、新颖化的呈现，用新时代劳模精神强化大学生的理想理念和价值观的存留度，完善新时代劳动教育的引领机制、长效机制。

（三）做新时代最美劳动者

1. 让新时代劳动模范“活起来”

广大劳动群众要勤于学习，学文化、学科学、学技能、学各方面知识，不断提高综合素质，练就过硬本领。劳动模范是民族的脊梁，他们身上凸显出的“淡泊名利、艰苦奋斗、勇于探索”的意志品质，是立体、饱满的新时代劳动教育的精神宝库。新时代劳动模范的形象需要通过可视度高、互动性强的方法、工具、手段，与新时代青年产生“连接”，不断激活大学生向劳动模范学习的同向同行的原动力。

2. 让新时代劳动模范“实起来”

“天眼”探空，“蛟龙”入海，“墨子号”发射，让我们由衷地相信幸福是奋斗出来的，劳动是奋斗的源泉。讲好新时代劳模故事，做新时代最美劳动者，就是要将“担当实干”扛在肩头，讲好“爱一行、干一行”的坚守与踏实，讲好“服务人民、报效祖国”的快乐与成长，讲好“爱岗敬业、争创一流”的态度与尊严，用踏实劳动来磨炼意志、淬炼精神，引导新时代大学生埋头苦干、真抓实干、做实干家，不断释放劳动潜能、焕发劳动热情。

3. 让新时代劳动模范“酷起来”

下力气聆听学生的声音，把“带着学生劳动”变为“师生一起劳动”，开展以“美好劳动节文化创意show”为主题的系列活动，利用抖音小视频、b站分享、荔枝FM，制造一些外部具化的文化场景，给青年朋友们提供与劳动模范可接触的渠道，在增进亲近感、信赖感的同时，一方面让学生将自身劳动创造幸福的潜力迸发出来，从而带动周围的同学，增强对劳动理念的认同、对劳动课程的认同，另一方面寻求劳动教育与思政的有机融合路径，探索“全天候、立体化、强赋能、可辐射”的劳动育人模式，打造一个高净值、个性化、强链接的交互场域，形成良好互动机制。

在全面加强新时代劳动教育的关键时刻，需要用更加饱满的热情、更加理性的认知、更加高效的方法，把握学生成长的内在规律，遵循劳动育人的教育原则，不断提炼新时代劳动育人的新样本，勇当新时代的劳动模范，让青春在劳动中闪光。

第二节　新时代劳动创新精神

一、劳动创新精神的现实意义

2011 年，人民日报发表了“五一”社论《勤奋劳动、诚实劳动、创新劳动》，讲道：“在我国内外环境、增长机制发生重大变化的条件下，以创新劳动加快转变经济发展方式、建设创新型国家。这是时代赋予中国工人阶级的崇高使命，具有光荣传统的中国工人阶级一定能够与时俱进、锐意进取，更好地发挥改革主力、发展动力、稳定基石的作用。”由此，创新劳动引起社会各界的广泛讨论。西南财经大学刘诗白教授就科技创新劳动价值的问题进行了深入剖析，并认为科技创新劳动是拥有科学知识高积累和高创造性能力的科技人才来进行的生产劳动，是高度社会化的劳动。社会学家赵培兴在论述创新劳动的价值时，将其提升到了知识性创新劳动理论的高度，同时引申出知识经济形态的充分发展必将导致社会主义代替资本主义或资本主义发展为社会主义。这也从侧面说明了劳动观念的核心要素正在改变，新时代的劳动观念已经从传统的“出大力，流大汗”“苦干加实干”向“知识型、技术型、创新型”并能为国家创造“社会效益、经济效益”方向转变，这与当前国家向工业现代化、向世界开放的转变路径是一致的。总的来说，这种以知识、技术、思维革新为前提的创造性劳动极大程度地推动了国家的发展。因此，党的十九大报告中提出要弘扬劳模精神和工匠精神，同时，还倡议弘扬企业家精神。不仅每年召开庆祝“五一”国际劳动节暨全国五一劳动奖表彰大会，全国各地工会组织还组织劳动竞赛，且企业普遍建立技能人才（劳模）创新工作室，这一切都是对创新劳动价值的尊重，也是对创新劳动的弘扬。

其中，与劳动创新精神关系最为密切的就是工匠精神和企业家精神。工匠精神是一种职业精神和一份专注，以细心、耐心、创新来追求成品的卓越。“失之毫厘，差之千里”以及“精益求精”就是工匠精神的重要体现，如倪志福闻名遐迩的“三尖七刃麻花钻”，“张百发青年突击队”的一专多能“多面手”快速施工经验等。值得注意的是，工匠精神不是简单地模仿生产，而是凝聚着匠人独特的心思。也就是说，工匠精神要求工匠在传统工艺的基础上发展创造新工艺、新技术，是一种传承，也是一种创新，很好地融合了中华民族传统文化，在当今浮躁的社会更加凸显其坚定气质与坚守。“创新理论”鼻祖约瑟夫·熊彼特在其著作《经济发展理论》中认为资本主义“灵魂”的企业家的职能是实现创新，而企业家精神包括建立私人王国、对胜利的热情、创造的喜悦、坚强的意志等内容。市场活力来自人，特别是来自企业家以及企业家精神。在企业家精神的作用下，市场逐渐实现多元化。可见，企业家精神是劳动创新精神最直接的体现。

目前，国际竞争尤其是高新技术领域的竞争日益激烈，高素质劳动者将成为推动经济社会发展的重要动力，国家之间的竞争最终表现为人才竞争。“劳动者的知识和才能积累得越多，创造能力就越大。面对日趋激烈的国际竞争，一个国家能否抢占先机、赢得主动，越来越取决于国民素质特别是广大劳动者的素质。”目前，我国进入经济发展新常态，对国民的整体素质及劳动者的技能水平等有了更高的要求。青年群体是我国劳动力人口的重要组成部分，开展劳动创新精神的教育将有利于青年劳动情感的升华和劳动技能的提高，避免出现结构性失业等现象，在一定程度上将有助于社会和谐稳定。

二、激发主体劳动创新精神的方法

劳动教育与社会实践是青少年必不可少的课程，事关青少年的德智体美劳发展，还关乎党的教育方针、社会主义的伟大前程。实践出真知，劳动教育和社会实践是促进青少年将课本上的知识、技能转化为主体劳动精神，养成劳动习惯的重要方式。激发学生主体的劳动精神仍需要结合劳动教育和社会实践。根据素质教育的层次，培养路径可以分为以下几点。

（一）建立多层次组织阵地，引领学生投身劳动教育活动

高校应形成“宿舍劳动小分队—班级劳动团队—学院劳动组织”的多层次组织阵地；完善各级组织结构并建立长效保障机制，包括劳动教育组织机制、劳动教育激励机制，让劳动者个体在劳动教育组织中发挥作用，形成“个人—宿舍”“个人—班级”“个人—学院”的优良“涟漪效应”，发挥组织优势，实现劳动教育资源共享。宿舍小分队开展“一屋不扫何以扫天下”清洁活动；班级团队利用班会、主题团日活动开展劳动教育；学院层面成立院级青年劳动组织，根据学院特色，结合专业特长，开展劳动教育。

（二）优化多元化师资队伍，增强劳动教育的实效性

高校应组建“家庭启蒙师—校内班导师—校外讲师”三个层级、专兼结合、内外互补的师资队伍；加强与学生家长的沟通联系，促进家校协同开展劳动教育，充分利用校内班导师（班主任、辅导员、社团指导教师等）、社会讲师（志愿服务组织、公益组织讲师等）、劳动教育领域研究专家等师资力量，开展劳动教育理论授课、分享交流会。

（三）健全多样性课程体系，提高学生的劳动能力

高校应健全“理论课程—技能培训—项目实践”个性化、多样性、多层次的课程体系。例如，开设劳动教育理论课程与讲座，开展劳动技能培训，实施劳动项目实践，培养学生的劳动精神，营造尊重劳动的文化氛围，引导学生在劳动精神的熏陶下积极参与劳动。

（四）搭建多层级实践平台，拓展劳动教育资源

高校应搭建“学院劳动平台—学校劳动平台—社会劳动平台”多级平台。学院劳动平台主要依托学院实验室、宿舍区、沙龙区、宣传栏等建设；学校劳动平台主要依托图书馆、饭堂、操场、教学楼等公共场所建设；社会劳动平台可以依托校区附近街道、广场、老人院、特殊学校建设。通过不同层级的实践平台，丰富学生的劳动体验。

（五）培育多类型品牌活动，打造劳动教育精品项目

一方面是开展项目孵化，依托大学生劳动者群体优势，由劳动教育导师指导劳动骨干团队，对大学生周边生活、周边社区以及特殊群体的劳动项目进行针对性调研，探索劳动教育新形式，开拓劳动教育品牌项目。另一方面是优化已孵化的项目，如广东工业大学经济与贸易学院“一米阳光”服务项目、管理

学院特殊儿童学校服务项目、计算机学院“情暖万春”医疗云平台项目等，不断调整，以应对在劳动教育过程中出现的问题，促进服务项目蓬勃发展。

（六）开展多阶段劳动锻炼，锤炼学生的意志

高校应打造“家庭劳动—校内劳动—社会劳动”多阶段劳动锻炼链条。例如，开展家庭劳动“五个一”活动，即陪家人买一次菜、为家人做一次饭、为厨房做一次清洁、为家人整理一次卧室、为家人拖一次地；实施“三清”校内劳动，即教室清朗、饭堂清洁、厕所清新等校园美化活动；开展街道清理、电器义修、大型活动服务等校外劳动，锻炼大学生的劳动能力，锤炼大学生的意志。

第三节　新时代青年劳动观与创新实践

党的十八大以来，青年和劳动的内在逻辑在多个场合中都被提及，逐渐形成了立意深刻、内涵丰富的新时代青年劳动观，成为新时代中国特色社会主义思想的重要组成部分。新时代青年劳动观包括劳动创新观、劳动平等观、劳动学习观、劳动奉献观四个方面的内容。

一、新时代青年劳动观的形成背景

恩格斯曾说过：“每一个时代的理论思维，包括我们时代的理论思维，都是一种历史的产物，在不同的时代有不同的形式，因此具有不同的内容。”从唯物主义认识论角度出发，可以理解为任何观念的形成都能反映出其特定的时代背景，都是一定社会历史活动的结果。与历史上其他伟大思想理论体系相似，新时代青年劳动观也反映这一新思想产生的社会历史特征，同时新时代青年劳动观作为行动指南和方向引领的基础，彰显其不凡的历史贡献。

（一）国际形势

新时代国际形势的变化是新时代青年劳动观的重要现实基础。首先，在经济全球化背景下，劳动要素流动日益国际化。从日益成熟的国际合作分工来看，无论是作为“物化劳动”的劳动要素还是“活劳动”的劳动要素，都已打破地域限制，在全球范围内流动。一方面，跨国公司的出现标志着劳动生产正式走向国际化；另一方面，海淘、代购等带有互联网属性的贸易物流业务发展迅速，也进一步增强了劳动产品的国际流动性。其次，科技成为提高劳动生产率的重要力量。科技的进步改变了人们的劳动方式，人们因为科技的进步免除了繁重的体力劳动，同时提升了生产率。随着全自动、无人化生产等“新”劳动形式的出现，部分学者追随科技价值论的观点，开始从新的角度讨论、阐述马克思主义劳动价值论。这些现象的出现，为论述劳动问题提供了新的视角。最后，新时代青年日益追求高质量的劳动形式，深化了新时代劳动观的发展。

（二）国内形势

国内形势的变化是新时代青年劳动观最重要的现实依据。第一，中国社会主义建设现在进入高速发展时期，劳动者难免在适应过程中出现一些新问题，如结构性失业、享乐主义萌生等。第二，经济发展进入新常态，代表着我国经济已由高速增长阶段转向高质量增长阶段，正处在转变发展方式、优化经济结构、转换增长动力的攻关期。新时代亟须劳动要素转型升级。第三，党的十九大报告中指出：我国社会的主要矛盾已经转化为人民日益增长的美好生活需要和不平衡不充分的发展之间的矛盾。社会矛盾的改变必然导致新的劳动观念出现。第四，实现中华民族的伟大复兴从根本上需要依靠劳动、依靠劳动者，更需要全民劳动。

二、新时代青年劳动观的基本内容

（一）新时代青年劳动创新观

创新是经济发展的动力，国家创新驱动发展战略正是体现创新发展理念的绝佳例子。在实施战略中，人才的发展是关键一环，要重视从劳动主体层面加强劳动创新，不断提高劳动者的素质，培养学习型、知识型、创新型的新时代职工。青年是社会上最富活力最具创造性的群体，理应走在创新创造前列，争做新时代创新型青年劳动者。要把握创新特点，遵循创新规律，既奇思妙想、“无中生有”，努力追求原始创新，又兼收并蓄、博采众长，善于进行继承创新和引进消化吸收再创新；要有逢山开路、遇河架桥的意志，为了创新创造而百折不挠、勇往直前；要有探索真知、求真务实的态度，在立足本职的创新创造中不断积累经验、取得成果。

“蜜蜂建筑蜂房的本领使人间的许多建筑师感到惭愧。但是，最蹩脚的建筑师从一开始就比最灵巧的蜜蜂高明的地方是，他在用蜂蜡建筑蜂房之前，已经在自己的头脑中把它建成了。”马克思在《资本论》中借用蜜蜂筑巢的例子来说明劳动者在经过创造性劳动后能改造世界，并提出了“自由创造”的劳动观。而这种劳动观在新时代正体现为培养具有创新精神、创新思维和创新能力的劳动者，以主人翁的姿态，积极投身社会主义现代化建设，立足本职，争先创优，不断增强学习能力、劳动能力、创造能力，积极参与岗位练兵、技术比武等活动，争当“金牌工人”“首席职工”“创新能手”，努力成为“知识型、技术型、创新型职工”，为社会主义建设添砖加瓦。

（二）新时代青年劳动平等观

劳动是人类生存和发展的基础，在建设富强、民主、文明、和谐、美丽的社会主义现代化强国的过程中，从根本上还是得靠劳动者。革命家李大钊认为，人生求乐的方法没有比尊重劳动更好的方法。乐境通过劳动能创造，苦境通过劳动也能解脱。总结古今中外、前人贤者的真知灼见：尊重劳动应该成为社会价值主流。

全社会都要以辛勤劳动为荣、以好逸恶劳为耻，任何时候任何人都不能看不起普通劳动者，都不能贪图不劳而获的生活。人类是劳动创造的，社会也是劳动创造的。劳动没有高低贵贱之分，任何一份职业都很光荣。新时代青年劳动平等观倡议广大青年应该尊重劳动、尊重劳动者，论述了职业平等观的重要性，无论从事什么职业都要用自己努力的汗水浇灌出甜美的果实。

（三）新时代青年劳动学习观

劳动和知识是相辅相成的。知识可以从刻苦劳动中得来，任何成就都是刻苦劳动的结果。党的十九大报告中也指出：要建设知识型、技能型、学习型劳动者大军，弘扬劳模精神和工匠精神，营造劳动光荣的社会风尚和精益求精的敬业风气。广大青年要自觉加强学习，不断增强本领。人生的黄金时期在青年时期。一个人青年时期学识基础厚实不厚实，会影响甚至决定其一生。广大青年要如饥似渴、孜孜不倦地学习，既要多读有字之书，也要多读无字之书，注重学习人生经验和社会知识。所有知识要转化为能力，都必须躬身实践。青年要坚持知行合一，注重在实践中学真知、悟真谛，磨炼意志，增长本领。广大青年学子不要纸上谈兵，要在实践中检验真理、领悟知识，并落实到实际行动上。

（四）新时代青年劳动奉献观

社会主义制度的建立给我们开辟了一条到达理想境界的道路，而理想境界的实现还要靠劳动者的辛勤劳动。广大青年是未来的接班人，更需要自觉践行爱岗敬业、甘于奉献的劳模精神。在建设现代化强国的征程中，广大青年的劳动技能和素质要与时代的发展共同进步。广大青年要自觉奉献青春，为全面建成小康社会多做贡献。青年时光非常可贵，要用来干事创业、辛勤耕耘，为将来留下珍贵的回忆。广大农村青年要在发展现代农业、建设社会主义新农村中展现现代农民的新形象，广大企业青年要在积极参与生产劳动、产品研发、管理创新中创造更多财富，广大科研单位青年要在深入钻研学问、主动攻克难题中多出创新成果，广大机关事业单位青年要在提高为社会、为农民服务的水平中建功立业。

三、劳动观念在新时代的创新实践

新时代青年劳动观具有伟大的时代价值，在实际工作中践行新时代青年劳动观可以发挥指导实践、引领未来的作用。西安电子科技大学宋宝萍教授认为高校在践行新时代青年劳动观时需要结合大学生创新创业教育，做到以下几点：①新时代劳动观融入创新素质培养，塑造大学生创新创业心理品质；②新时代劳动观融入课程培养体系，引导大学生树立正确的择业观和创业观；③新时代劳动观融入创新创业环境，营造良好的创业氛围；④新时代劳动观融入创新创业实践，推动大学生在创业实践中得到检验。

大学生是建设中国特色社会主义、实现中华民族伟大复兴中最具活力的一支队伍，是创新驱动发展的生力军和突击队。高校应系统化构建创新创业教育课程，以创新创业教育融入专业课程体系、融入实践能力培养、融入服务地方发展的“三融合”模式为引领，以“互联网 +”“创青春”“挑战杯”等创新创业大赛为抓手，对优秀项目进行“催熟”，促进落地孵化；将大学生创新创业与地方经济发展需求相结合，拓展创新创业资源，搭建创新创业平台，推动企业深度参与学校创新创业教育全过程，实现与地方服务发展相融合；以专业群、产业学院为基础，以地方产业关联的项目为载体，将大学生创新设计过程与地方发展需求相结合。

第五章 新时代大学生劳动教育的路径

第一节 高校劳动教育机制的构建路径

一、高校劳动教育机制存在的问题

高校劳动教育机制存在的问题可从体制机制、教育内容、教学形式三方面进行阐述。

（一）体制机制单薄

首先，重智轻德，使得劳动教育的育人价值虚化。劳动教育一度被认为是德育的组成部分，一些学校对劳动教育的定位不明确，进而设立的体制机制不合理，人才培养目标不明确，在教学活动中侧重于生产劳动教育，而忽视对学生生活劳动、服务性劳动的教育和引导，使得劳动实践活动在教育教学活动中的最大效用价值没有充分被挖掘。其次，新时期国家对于劳动教育很重视，全国各个学校的关注度很高，但是真正参与的积极性不够。由于一些学校对劳动教育的认识不足、理解不深，在体制机制建设过程中，容易形成“口号式”的教育模式，考核评价机制也有待完善。

（二）教育内容单调

学生的综合素养和综合能力养成是“学校—家庭—社会”共同作用的结果。第一，学校与家庭没有形成一个联合培养的沟通氛围。随着社会的发展，学生的成长环境越来越优越，家长溺爱，部分家庭存在“万般皆下品，唯有读书高”“学而优则仕”的功利性追求，将与考试无关的教育内容全部边缘化，学生的生活劳动技能逐步弱化，甚至退化。第二，高校对劳动教育的理解和把握不到位，将劳动教育与技术技能培育的内容等同。部分学校在学习劳动教育精神后，过分地强调对学生技术技能的培养，而弱化了对学生劳动价值观养成的引导，导致大学生在社会实践和生活中缺乏正确的劳动价值观做指引，在劳动素养和劳动技能方面出现“双赤字”。

（三）教学形式单一

高校的劳动教育多以实践教学活动的方式开展，将理论课与实践课分开进行，由不同的教师负责。理论课教师负责技术技能理论知识的传播，引导学生劳动价值观的养成。由于学生对理论课堂不重视，难以实现理想目标。另外，学校顾虑学生参与社会实践的安全，将实践课程课本化、游戏化、表面化，以课代劳、以教代劳、以说代劳、以画代劳，持续单方面地向学生输入教师的劳动价值观，学生的成长经历和社会阅历有限，会对某些观念不认同。因此，高校在整个实践教育活动过程中，缺乏育人载体、明确的劳动育人规范以及对劳动教育探索的延伸，育人效果不佳。

二、构建高校劳动教育机制的现实意义

（一）有助于促进大学生自由全面发展

马克思主义认为，社会发展的核心是人的发展，人的自由全面发展是衡量社会发展的标准。新时代高校劳动教育不应仅仅是“苦其心志，劳其筋骨”的体格训练，而是要与德育、智育、体育、美育形成合力，培育知行合一的社会主义劳动者的系统工程。习近平总书记对劳动的价值指向做出过精辟论述：“必须牢固树立劳动最光荣、劳动最崇高、劳动最伟大、劳动最美丽的理念，让全体人民焕发劳动热情、释放创造潜能，通过劳动创造更加美好的生活。”当代大学生思维活跃，富有个性，处在需要引导和规范其劳动意识和劳动观念，以形成相对恒定的劳动价值观的关键时期，如果高校劳动教育缺位，则不利于大学生培养良好的劳动意识、劳动习惯和劳动素养。通过对大学生进行系统科学的劳动教育，不仅可以帮助大学生增进劳动体认、深植劳动情怀、锤炼劳动品质、养成劳动习惯、形成正确的劳动价值观，还能为其成长成才、在社会实践和工作岗位中增强劳动本领、实现人生价值储备能量。

（二）有助于弘扬“工匠精神”和“劳模精神”

精雕细琢、精益求精的工匠精神和忘我劳动、无私奉献的劳模精神，折射出新时代的人文精神和一个民族的品格风貌，是新时代大学生人生价值和道德取向的标杆。在大学生劳动教育中涵养和推广“工匠精神”和“劳模精神”，

不仅可以通过鲜活案例和先进榜样的感召，使劳动教育更加形式多样、题材生动，增强大学生对劳动教育的认同感，同时也是“工匠精神”和“劳模精神”走进大学校园，在大学生群体中入脑入心的有效途径。例如，可以聘请劳动模范和匠人开设讲座，引发大学生对工匠们追求卓越的创造精神、精益求精的钻研精神和劳模们无私忘我情怀的感佩与效仿；也可通过开设“工匠精神”和“劳模精神”特色课程，在充分把握大学生年龄特点、专业特色和接受程度的基础上，灵活运用集中讲授、分组讨论、心得分享等授课方法，点燃大学生对“工匠精神”的向往之心和对“劳模精神”的追求热情；还可以“运用各种现代传播手段，如微视频、公开课，以及灵活多样的互动交流、活动和比赛，构建课内学习与课外延伸的学习共同体”。以“工匠精神”和“劳模精神”为载体开展大学生劳动教育，可以在高校这个微环境内形成尊重劳模工匠、敬爱劳模工匠、学习劳模工匠的良好风尚，从而将工匠精神和劳模精神渗透到大学生学习生活的内部，融入大学生衣食住行和日常生活的方方面面。

（三）有助于培养中华民族伟大复兴的重要参与者

实现中华民族伟大复兴是新时代中国共产党人的历史使命，也是中华民族近代以来最伟大的梦想。新时代大学生是筑梦一代，也是实现中华民族伟大复兴的圆梦一代。从年龄阶段来说，青年大学生处于学习能力和探索欲望的高峰阶段，在这一阶段接受全面良好的劳动教育，更有利于形成正确稳固的价值观，有利于青年大学生的未来发展。从能量贡献来说，党的十九届五中全会审议通过的《中共中央关于制定国民经济和社会发展第十四个五年规划和二〇三五年远景目标的建议》指出，我国处于新发展阶段。在全面建成小康社会、实现第一个百年奋斗目标后，青年大学生将是未来发展的新征程和向第二个百年奋斗目标进军的伟大历程中的中坚力量。十九届五中全会提出的远景目标，对2035年基本实现社会主义现代化进行了描绘。青年大学生在投身社会主义现代化建设的征程中，也将经历把人生价值融入社会发展的历程。劳动教育积淀而成的自觉劳动意识、正确的劳动观以及劳动意向、劳动方法等，都将在大学生实现职业理想、投身社会主义现代化建设、实现中华民族伟大复兴的过程中释放积极能量。

三、高校劳动教育机制的构建路径

2020年3月，教育部部长陈宝生从强化认识抓重点、点面结合抓覆盖、面向全体抓贯通、注重统筹抓协调四个方面对大中小学劳动教育提出了新要求。

高校作为技术性人才培育的摇篮，必须在此基础上加以重视和开展劳动教育。

（一）明晰培养目标

高校是以就业为导向，面向社会产业第一线，培养具有丰富理论知识和较强实践能力的高级技术应用型人才的场所。因此，它必须在明确社会主义办学定位的基础上，明晰育人目标；建立科学的考核评价体系，强调综合素质评价在大学生考核评价中的比例；加强与普通高校以及研究机构的协同合作，发挥各自优势，形成整体育人效应链，共同推动劳动教育实现纵深发展；引导高校学生自觉提升专业技能，培养劳动情感，涵养劳动品德，树立正确的劳动观，更加明晰自身的使命与责任，在今后的学习、生活和工作中能够通过辛勤劳动、踏实劳动、创造性的劳动实现人生价值，成为新时代的奋斗者。

（二）重构课程体系

劳动教育既包括劳动知识，也包括以实践活动为载体的“行为劳动”，还包括通过知识学习、实践经验总结形成的劳动价值观。要让劳动教育落地生根，就必须将劳动教育纳入学校的课程体系之中。

第一，发挥专业课程教学和思想政治理论课程教学的作用。了解社会发展的现状与需求，对实践劳动有新的认识和理解。同时利用专业课程的实操训练，提升学生的专业技能，进而也提高学生实践劳动的能力和水平。

第二，充分利用第二课堂。鼓励学生在相对自由的环境下、多学科交融的活动中进行探索创新，提高学生的动手能力。

第三，拓展社会实践活动。学生的发展是“家庭—学校—社会”共同作用的结果。因此，高校要搭建起三者沟通的桥梁，引导家庭方面加强学生的生活劳动教育，社会通过提供实习工厂、实训车间、校外实践基地等实践场所，让学生在劳动中切实感受自身的价值，提升社会责任感。

（三）构建多元师资力量

加强学生劳动教育不仅仅是学校方面的责任，家庭和社会也在其中扮演着重要角色，教师要发挥疏通、纽带的作用，打通学校、家庭、社会的经络，构建“学校—家庭—社会”立体育人网络，形成全民爱劳动、敬劳动、惜劳动的社会风气，实现全方位、多角度、多维度育人，提高全民劳动素质，提升全民综合素养。第一，打造一支双师型的师资队伍。教师既是学生的学问之师，也是品行之师。高校教师除了传道授业解惑以外，还要具备对学生进行实践技能培养指导的能力。第二，打造一支复合型的劳动教育师资队伍，鼓励教师将劳动教育与德育、智育、美育、体育等课程进行有机结合。第三，凝聚一支社会型的劳动教育师资队伍，有针对性地培养社会人才。

（四）搭建劳动教育资源数据库

劳动教育的内容丰富，活动开展形式多样。在大数据时代，将各种教育资源进行归类整合，更有利于让各类资源“活起来”，顺应时代潮流，激发学生兴趣，提升劳动教育的吸引力。第一，依托高校图书资料室，重视与劳动教育相关的图书资料、教科书以及设备的购置与管理，重视相关文献数据的体系与质量保证。第二，加强劳动教育资源的数字化管理。一方面，利用图书馆的现有资源库，将劳动教育资源的相关理论资源囊括其中，能够及时满足研究人员的查阅和了解需求。另一方面，建立局域内劳动教育数据资料库，将构架出台的关于劳动教育的政策文件、关于劳动教育专题教育的网络在线课程、社会各界组织的劳动教育实践活动、社会劳模光荣事迹等纳入其中，以供研究者学习研究。

（五）结合大学生职业生涯规划渗透劳动教育

大学时期是人生由学校迈向社会的转折期。在这一时期做好人生规划，尤其是职业生涯规划，对大学生的人生走向具有决定性的意义，同时也对大学生在职业生涯中获得充分自由发展具有持久影响。在规划职业生涯时，要想将职业理想与自己的特长爱好相结合并非易事，需要对自己有全方位的透彻认识和客观中肯的评价，更需要对社会职业有深入的认识和理解。在新时代中国特色社会主义建设过程中，国家和社会对劳动者的劳动能力、劳动心理有相应的要求。目前，大学生职业生涯规划受到广泛重视，高校专门开设了就业指导课程，对大学生进行专门的职业生涯规划辅导和训练。高校劳动教育可以将职业生涯规划作为优质平台，将两者有机结合，既增强职业生涯规划的实践性，又能为大学生劳动教育找到良好的输出端口。大学生劳动教育不仅要培养大学生的职业能力，更要培养他们的职业情感，包括劳动价值观、劳动态度、劳动伦理、劳动品格等，这些抽象的心理层面的教化能够使大学生建立起更加完善的职业认知和职业判断，有助于大学生做出更加理性成熟的职业生涯规划。高校作为为社会发展培养高素质劳动人才的主阵地，结合就业指导工作对大学生进行劳动教育，也是推行素质教育的必然要求。

（六）丰富和完善大学生劳动教育授课及考评机制

1. 在高校广泛开设劳动教育类课程

开设“劳动科学”“马克思主义劳动观”等课程，从劳动起源、劳动本质、劳动社会保障、劳动安全、劳动法律等方面系统讲授与劳动有关的学理知识，既不失大学教育的高度和深度，又能将劳动理念以严谨的学理语言、深邃的学术思考呈现给大学生。

2. 在思想政治理论课中渗透劳动教育

在“毛泽东思想和中国特色社会主义理论体系概论”课程中分析呈现“毛泽东劳动观及其当代价值”，讲述生产劳动对中国革命和经济建设的重要作用、人民通过劳动实现当家作主的政治权利、无产阶级劳动光荣的精神风貌等生动故事；也可通过对“习近平劳动观”的讲解，引导大学生树立勤劳勇敢、崇尚劳动的观念。

3. 将大学生劳动教育推向一个新的高度

随着新时代“五育方针”在高校的全面贯彻，大学生劳动教育应该被推向一个新的高度。强化劳动课程考评，增加劳动实践在大学生评价体系中的比重，将劳动教育成果与评优、评奖体系对接，构建系统合理的德智体美劳综合评价标准，才能让大学生劳动教育从理论到实践全方位落到实处。

（七）增加见习、实习、实训环节，增强劳动教育的实效性

见习、实习、实训是大学生接受知识、习得本领的重要的第二课堂，也是其接受劳动教育的现实场所。大学生将在校学习期间所习得的专业理论知识，在见习、实习、实训环节转化为具体的操作技能，是一个由知到行的升华过程，也是进一步加深对劳动教育的重要性认识的过程。经过实践的洗礼，将从生产实践中提炼的理论再运用到生产实践中，这一循环上升的认识逻辑，能够加强大学生对理论知识的理解，更能深化大学生对劳动价值的认知。大学生在见习、实习、实训中会接触并受教于除教育行业之外的其他行业的劳动者，通过见习、实习、实训过程中传帮带的劳动示范和亲身指导，将理论转化为实践，有益于在大学生心目中树立劳动教育的现实榜样。见习、实习、实训过程中贯彻渗透的劳动教育是大学生未来成就事业的宝贵财富，积淀的劳动理念和劳动能力是大学生投身社会、绽放光芒的重要能量。因此，高校的劳动教育设计与用人单位的劳动要求的匹配程度，直接关系到高校培养的大学生是否具备符合社会要求的劳动意识、劳动习惯、劳动技能，也直接影响着大学生劳动教育的实效性。

第二节　高校劳动教育模式的构建路径

一、实践育人视域下高校劳动教育模式构建

基于高校学生劳动教育的现状及存在的问题，笔者将在实践育人视域下，从课程、实训、活动、生活四个维度，将劳动教育内容融入高校实践育人全过程，构建高校劳动教育模式。

（一）构建三类课程体系

课堂是培养学生劳动意识、劳动习惯和劳动技能的重要阵地。劳动教育不能仅仅停留在劳动教育本身的课堂中，也应该贯穿于思政课程和专业课程中。高校劳动教育在课程开发和设置上，应该将专业课程教学、思政教育与劳动教育相互渗透和融合，并开发更为适用的教学模式和考核方法，从劳动意识、劳动行为和劳动习惯等多个方面着重培养学生劳动最光荣的责任感和使命感。一方面可以将劳动教育基础素质课程与思想政治教育课程充分融合，在思政课程中加入劳动光荣的元素，提升劳动教育与素养培育的质量。另一方面可以将劳动教育课程与专业课程结合起来，让学生在专业课程中、在未来职业规划中，更加深刻地领悟劳动的真谛，更明白自己的方向和目标，更加尊重劳动、崇尚劳动。

（二）劳动教育与校内外实习实训同频共振

劳动教育不应该局限在学校空间，而要不断向校外延伸，形成校内校外相互融合的劳动教育模式。实习实训是课堂教学的巩固和提升，是学生将理论应用于实践的必要途径，是培养学生吃苦耐劳、知行合一、乐于奉献等优秀品德及责任担当意识的重要基地。高校应结合自身专业特色，不断完善实习实训项目，为学生提供更多的劳动实践机会，加强校内外实习实训基地对学生劳动素养的培育作用。一方面，深化校企合作，提升人才培养质量，使学生在实习实训中树立热爱劳动、劳动光荣的意识；另一方面，学生能够在实际工作岗位的锻炼中，立足本职，提高劳动意识和劳动能力，增强个人责任感和使命感，深刻体悟劳动的价值与意义。

（三）搭建多元的实践活动平台

活动教育是实践育人视域下的劳动教育的重要组成部分。一方面，高校应

该充分利用多元活动平台，以学生实际为出发点，浸润学生的劳动意识和劳动情怀。另一方面，高校也应依托企业行业背景和市场用人需求，结合本校的专业特色，通过整合各类校内外优质活动资源，强化劳动管理，丰富劳动内容，引导学生在多平台活动中增强自身的劳动意识、强化劳动责任感，进而提高自己的技能。同时，高校可与企业合作，以主题讲座和比赛等形式，唤醒学生薄弱的劳动意识和劳动情感。另外，高校可引导学生参与校内外各类公益性劳动，如志愿服务，使学生在公益劳动中提高思想认识和劳动素质，进而服务社会、报效国家。此外，举办学生社团活动亦是学校推进劳动教育的重要举措，学校应高度重视学生社团的建设和管理，支持和鼓励各社团积极参与校园大型展示活动，将社团活动同劳动教育相融合，进而丰富劳动教育的内涵和外延。

（四）生活场景融入劳动教育

在学生的生活中渗透劳动教育，能够使劳动真正回归学生的生活世界，提升劳动教育的成效。高校可注重文化建设，在校园和班级文化中渗透劳动教育。高校可通过对校园文化、班级文化以及相关专业课程的统筹文化建设，形成融合校园文化、班级文化、专业课文化的劳动专业课，同时，让学生以主人公角色，真正参与到校园软环境和校园文化的设计中来，让学生能够和校园、班级建立深厚的情感联系。此外，高校可多组织相关的文明评比活动——“幸福寝室”“红星宿舍”等，通过文明宿舍的评比，更好地培养学生的劳动精神和行为习惯。

二、构建“一心四化”的劳动教育模式

高校担负着培养热爱劳动、善于劳动、精于劳动的技术技能型人才的重任。笔者通过调查研究，结合高校劳动教育培养实际，认为可以构建“一心四化”的劳动教育模式，即以学生的全面发展为核心，打造劳动课程系统化、劳动实践平台一体化、劳动教育形式多样化、劳动教育过程全程化的劳动教育新模式，将劳动教育渗透到学生培养过程中，促进学生的全面发展。

（一）以人的全面发展为核心，提高学生的劳动素养

高校要以人的全面发展为核心，协调五育关系，强化劳动素养的培育，实现劳动育人的新价值。劳动可以促进人的全面发展，也是实现人的全面发展的主要途径。劳动教育要引导学生树立正确的劳动观，理性认知劳动，同时也要教会学生具备从事劳动的能力，让学生会劳动、善劳动，切实提高学生的劳动素养。在劳动认知的培养中，高校应注重对劳动工作的客观认知，开展体验教育，使学生在体验中认识劳动，感悟劳动，从而实现尊重劳动和热爱劳动。在劳动

技能的培养中，高校可以从家务劳动、社会公益活动、集体劳动等简单的劳动体验入手，也可以从技术原理、专业领域实践入手，全方位提高学生的劳动技能，提升学生的劳动素养。通过劳动教育，彻底打通劳心和劳体之间的渠道，将立德、增智、强体、育美有机结合，实现人的全面发展。

（二）打造系统化的劳动教育课程，强化劳动观的培养

课程是劳动教育实施的重要途径。要探索符合高校实际的劳动教育课程体系，就要开设“劳动经济学”“劳动美学”等劳动课程，丰富学生的劳动知识，提高其劳动理论素养，增强其劳动价值认同；要将劳动教育与专业课程相融合，将专业劳动知识与技能、劳动纪律、劳动法等内容融合到专业教育当中，提升学生对劳动的认知；要让学生理解劳动不分等级、没有贵贱，只要是付出辛勤劳动，就值得尊重、值得弘扬。通过开放式劳动课程，如网络课程、教育报告、讲座、论坛，引导学生认知劳动、感悟劳动，丰富劳动的价值教育。强化劳动教育宣传。通过多渠道的劳动通识教育，引导大学生自觉劳动、辛勤劳动、诚实劳动、科学劳动和创造性劳动，树立正确的劳动观。

（三）搭建劳动教育的实践平台，丰富劳动教育的途径

多渠道、全方位打造劳动教育实践平台，包括以下方面：一是产教融合的实习实训平台。构建校内融合、校企联合、校社结合的实践资源，通过创建、联建或共享劳动实践基地，为学生提供劳动锻炼的机会。二是依托社会，打造公益劳动平台。通过社会实践、志愿服务、公益活动等方式，为学生提供劳动锻炼的机会。三是依托第二课堂，打造校园文化劳动平台。组织学生参与校内普通劳动、实践劳动等校园文化活动，增强学生的劳动责任感和健全学生的劳动实践体验。总之，高校应通过多种劳动实践教育平台，增加学生的劳动体验，使其加深对劳动价值的理解，提升劳动能力，促进良好的劳动习惯的养成。

（四）丰富劳动教育的形式和手段，增强劳动教育的时效性

劳动教育不仅要内容多样，更要有丰富的形式和手段。高校要注重劳动教育四结合，即劳动教育与生活结合、劳动教育与专业结合、劳动教育与第二课堂相结合、劳动教育与时代发展结合，切实提高劳动教育的时效性。

首先，劳动教育与生活相结合。通过劳动，学生将日常的洗衣做饭、制作手工、运用工具等生活技能掌握熟练，并在掌握生活技能的同时，享受劳动带来的成果和体验，培养热爱劳动的品质。

其次，劳动教育要与专业教育相结合。高校应结合学生的专业实际，开展

行之有效的劳动实践，如专业实验、实习实践，让学生学习专业的同时，感受专业劳动带来的成功与喜悦，体验劳动的艰辛，体会劳动的快乐。

最后，利用第二课堂，丰富劳动教育体验。组织学生参加社会劳动实践、社工服务、创新实践等活动，使其体验劳动历程，丰富劳动体验；运用新技术手段，开展科技性、创新性劳动，引导学生自觉自为地把劳动和成长结合起来。

（五）建立一贯制的劳动培养体系，促进劳动教育的全程化

高校应构建全程化的劳动教育培养与实践体系，让劳动教育植根于课程与实践当中，锻造学生的劳动品格。

①一年级重劳动体验。高校应通过劳动课程，引导学生热爱劳动，感受劳动带来的欣喜和收获，激发学生的劳动热情。

②二年级重劳动实践。高校可结合专业学习，利用实验室、实训室等地方，开展专业劳动，培养学生吃苦耐劳的劳动精神。

③三年级重劳动技能的培养。高校可通过顶岗实习、企业实训、产教基地实践等形式，让学生在劳动岗位熟练技能，掌握技术，锤炼劳动品格，培养匠人精神。

④四年级重劳动习惯养成。四年的劳动实践，能够促进学生养成良好的劳动习惯和提高劳动能力。高校可通过建立全程化、一贯制的劳动教育体系，很好地将专业教育、实践教育、劳动教育有机结合，促进学生的劳动精神、劳动能力的培养，为人的全面发展提供有效的载体。

总之，人的全面发展离不开劳动教育的深化，更离不开德、智、体、美、劳的协调发展。高校要引导学生培养劳动兴趣，践行知行统一的劳动理念，还要引导学生强化劳动实践，德技并修，掌握精湛的职业技能。只有将劳动教育植根于教育体系当中，才能为祖国培养出更多的高素质的技能型人才和众多的能工巧匠，才能实现人的全面发展。

第三节　高校劳动教育评价指标体系的构建路径

习近平总书记在2018年全国教育大会上指出：“要努力构建德智体美劳全面培养的教育体系，形成更高水平的人才培养体系。”劳动教育的地位进一步得到提升，获得了和德育、智育、体育、美育同等的地位，成为人才培养体系中的重要组成部分。高校一方面是落实劳动教育的重要场所，另一方面也是培养基础教育师资队伍的重要基地，其劳动教育工作落实情况关系到整个国家的人才培养质量。中国特色社会主义进入新时代，高校开展劳动教育面临着很多新任务、新挑战，既取得了一定成绩，也存在一些问题，主要表现在目标不明晰、内容不具体、方式不灵活、机制不顺畅等方面，其原因就在于缺乏一套科学的评价指标体系。

一、高校劳动教育评价指标体系构建的依据和原则

新中国成立以来，我国的劳动教育呈现出历史变化大的特点："新中国成立70年的教育方针政策中，劳动教育的演变大致经历了初塑时期、政治化时期、现代化初建时期、转型发展时期、整合发展时期、新时代发展时期，每个时期都有其鲜明的时代特征。"与之相对应的劳动教育内涵也发生了较大变化，新时代劳动教育的内涵更加丰富，实施路径更加科学，体系更加完整。构建新时代高校劳动教育评价指标体系，不能缺乏理论与政策方面的依据，并应在此基础上明确构建的基本原则。

（一）高校劳动教育评价指标体系构建的理论依据

中国特色社会主义进入新时代，劳动教育的理论研究取得了重要的进展。具体来说，在有关劳动和劳动教育的内涵、劳动教育的内容与形式、劳动素养的要素等方面的研究都有了一系列成果。

1. 新时代劳动教育的形式发生了变化

劳动教育的形式变得更加多样、复杂和隐性。劳动由马克思所处工业化时代的"制造性劳动"渐渐向非生产性、服务性劳动和非物质性劳动转化。

2. 新时代劳动教育的内涵发生了变化

一方面，劳动教育作为一种教育内容，培养学生的劳动知识和技能，并服务社会生产和发展，具有一定的智育性质，这种外向性目标指向的是生产劳动本身；另一方面，劳动教育是以劳动形式为手段开展的，这种内向性目标指向人精神层面的提升和完善。北京师范大学教授班建武认为"劳动教育不单是简单的体力锻炼，更是一种正确劳动价值观的积极引导"。因此，新时代劳动教育的主要任务应当包括劳动知识技能的教育、劳动实践活动实施、劳动价值观的培育三个方面。

3. 新时代劳动素养的构成要素发生了变化

新时代，由于人们对劳动本身有了新的理解，进而引发劳动教育的目标、功能等都发生了变化，劳动素养的构成要素也必然发生了变化。劳动素养包括劳动价值观、劳动态度、劳动知识技能以及劳动实践与习惯等方面。

（二）高校劳动教育评价指标体系构建的政策依据

2018 年全国教育大会明确了新时代劳动教育必须坚持中国特色社会主义道路的原则，并要求把培养德智体美劳全面发展的社会主义建设者和接班人作为首要目标，在日常教学管理中弘扬劳动精神，利用多种渠道、方法引导学生热爱劳动、尊重劳动，树立正确的劳动观。2015 年 12 月，新修改的《中华人民共和国教育法》明确提出“教育必须与生产劳动和社会实践相结合”。2017 年颁布的《关于深化教育体制机制改革的意见》也强调要引导学生践行知行合一，规定了劳动教育应更加注重理论与实践结合、体力与脑力结合。在高校，全面落实劳动教育对于贯彻党的教育方针要求、提升学生综合素质、培育学生的社会主义核心价值观都具有重要的现实意义。北京师范大学教师檀传宝指出劳动教育的本质是“培育学生正确的劳动价值观，培育受教育者对于劳动的内在热情与外在创造力等素养”。《意见》明确了劳动教育的总体目标：“通过劳动教育，学生能够理解和形成马克思主义劳动观，牢固树立劳动最光荣、劳动最崇高、劳动最伟大、劳动最美丽的观念；体会劳动创造美好生活，体认劳动不分贵贱，热爱劳动，尊重普通劳动者，培养勤俭、奋斗、创新、奉献的劳动精神；具备满足生存发展需要的基本劳动能力，形成良好的劳动习惯。”

（三）高校劳动教育评价指标体系构建的基本原则

1. 目标性原则

新时代高校劳动教育评价应以预定的培养目标为基准，服务于人才成长的内在需要和外在社会发展需求，同时在实施过程中要通过细化、量化方式进一步分类设置具体详细的目标。评价指标的目标越明确对于引导学校开展劳动教育的指引性就越强，同时，在评价上操作性也会更强。

2. 全面性原则

高校劳动教育是一项综合系统性工作，对其评价应力求做到全面。学生劳动素养提升状况、教师劳动教育教学条件与能力状况、学校其他劳动教育状况都应整体纳入评价内容。

3. 多元化原则

在评价主体上，要主张有更多的人成为评价主体以实现评价全面客观的目标；在评价方法上，应采用定性与定量相结合的评价方法；在评价性质上，坚持科学评价与人文评价的统一，注重将事实判断和价值判断相结合。

4. 科学性原则

劳动教育的评价是一个复杂立体的过程，其中许多评价内容的内隐性强，评价难度大，这就对评价指标体系的科学性提出了要求，应真正把握劳动教育的科学内涵，运用科学的思维和方法指导评价指标体系的构建。同时，高校劳动教育评价指标体系的构建需要遵循教育教学一般规律和学生成长的内在规律，需按照科学规划、实施、评价、修订、动态调整的思路扎实推进。

二、高校劳动教育评价体系的指标分析

根据新时代劳动教育的理论研究成果和政策依据，本研究有关的新时代高校劳动教育评价指标体系有学生劳动素养、教师劳动教育教学条件与能力、学校其他劳动教育状况 3 个一级指标，并设 12 个二级指标和 30 个观测点。

（一）学生劳动素养

学生劳动素养提升是劳动教育的根本目标，在评价指标体系中占核心位置。对于高校而言，师范生劳动素养关系到整个国家的劳动教育的延续性和持续性，因此，对学生劳动素养的评价包括劳动价值观、劳动情感品质、劳动知识技能、劳动实践和习惯 4 个二级指标。

1. 劳动价值观

劳动价值观是劳动素养中的核心要素，并直接决定了劳动素养的其他方面。改革开放以来，受西方多元文化和消费主义思想的影响，一些淡化劳动，只看重物质享受，崇尚腐朽生活方式的现象时有发生。部分人瞧不起劳动，不愿意劳动，功利主义和投机取巧思想蔓延，究其原因就是其“劳动成就人的本质”的正确劳动价值观出现了扭曲，从而丧失自我价值。

2. 劳动情感品质

孔子曾言：“知之者不如好之者，好之者不如乐之者。”劳动素养高的人不仅能劳动、会劳动，还能好劳动，对劳动有一种自发的喜爱。“好逸恶劳”是恶习，劳动教育就是要改变学生的恶习，达到使其热爱劳动、崇尚劳动的目的。同时，劳动是一个需要克服身体与心理困境的过程，需要较强的忍耐力。

3. 劳动知识和技能

劳动知识和技能可分专业和日常两个方面。一方面，随着社会的发展，劳动中的体力支出占比越来越小，智力支出占比越来越大，知识与技能的储备作用越来越强，理论联系实际的动手能力需求越来越高。高校学生无论学习什么

专业，最终都要服务社会发展和生产需要，在搞好理论学习的同时，应注重实用知识和技能的积累，认真参加专业实习实训、产教融合、志愿服务和创新创业等活动。另一方面，学生日常生活中的劳动知识与技能状况也是反映其劳动素养的重要部分。

4. 劳动实践和习惯

劳动素养最直接的外在表现是劳动实践和习惯。在专业上，学生实际参加劳动实践的量和质是衡量其劳动素养的直接指标，参加的劳动不仅要量多，还要质优。在日常生活中，通过观察学生的劳动习惯能很好地发现其劳动素养状况。

（二）教师劳动教育教学条件和能力

教师在劳动教育过程中发挥着主体和主导作用，是劳动教育教学活动的直接组织者。教师自身的劳动素养、对待劳动教育的态度、实际开展劳动教育教学的能力都直接影响劳动教育工作的效果。

1. 教师的劳动素养

“学生一杯水，教师一桶水。”教师劳动素养的高低直接影响学生劳动素养提升的效果。教师劳动素养评价的主要观测点也是劳动价值观、劳动情感品质、劳动知识技能、劳动实践和习惯四个方面。

2. 教师的劳动教育意识

教师的劳动教育意识主要包括三个方面：首先是教师对于劳动素养在学生整个核心素养中的位置的认识；其次是教师对于通过劳动教育培养学生思想品德的认识；最后是教师对有关劳动教育的最新政策的掌握情况。

3. 教师的劳动教育教学能力

教师的劳动教育教学能力可分为劳动教育教学设计能力、劳动教育教学组织能力和劳动教育教学评价能力等。劳动教育教学设计能力既体现在将劳动精神培育和劳动知识技能传授贯穿在日常课堂的教学中，也体现在专门的劳动教育教学中，包括理论方向的和实践方向的。劳动教育教学组织能力体现了劳动教育的艺术性，不仅能教会学生劳动，还能在教育教学中使学生热爱劳动。劳动教育教学评价能力是指教师能洞察、鉴别学生在劳动价值观、劳动情感态度、劳动知识技能等方面的个性化差异，并能根据差异精准施策、因材施教。

第四节　劳动教育融入高校校园文化建设的路径

校园文化是高校文化软实力的展现形式，也是立德树人的重要载体和依托。劳动教育更好地融入高校校园文化建设，充分发挥劳动的育人功能，对实现高校人才培养目标具有十分重要的现实意义。

一、劳动教育融入高校校园文化建设的依据

（一）理论依据

劳动是促进学生发展的内在要求，是学生健康成长的必经之路。马克思和恩格斯从历史唯物主义哲学、政治经济学、教育学三个维度发展了自己的劳动观，形成了科学的马克思主义劳动观。马克思主义劳动观肯定了劳动教育对培养全面发展的人的重要地位和作用，为新时期劳动教育融入高校校园文化建设提供了坚实的理论依据。

1. 劳动创造了人本身

劳动是人类特有的基本社会实践活动。马克思主义认为，劳动把自然界提供的材料变为财富，“它是整个人类生活的第一个基本条件，而且达到这样的程度，以至于我们在某种意义上不得不说：劳动创造了人本身”。动物是单纯地利用外部自然界，而人则可以让自然界服务自己，“这便是人同其他动物的最后的本质区别，而造成这个区别的还是劳动”。马克思主义认为，劳动创造了人本身。这可以从以下两个层面理解。

（1）劳动创造了人的自然属性

因为劳动，类人猿在腿部力量和手部器官使用上逐渐发达。由于生长相关律，人体某一器官的发展进化会促进其他身体器官的发展进化。在类人猿进化为人的过程中，劳动促进腿部和手部器官的进化，进而促进了类人猿听觉、视觉、触觉特别是大脑的发展，最后进化为人的身体构造，创造了人的自然属性。

（2）劳动创造了人的社会属性

劳动的发展促使人与人之间的联系增多，特别是面对恶劣的生存环境，集体狩猎、集体劳作显得愈加重要和有效。为了更好地劳动和交流，出现了语言，语言是完全的人的重要标志。随着交往和联系的增多，家庭关系、宗族关系、社会关系逐渐构成庞大的人际网格，人不同于动物的特性显现出来。社会性是人的本质属性，是人和动物的本质区别。总之，劳动创造了人本身，劳动是人

需求满足的前提，人的物质需求和社会需求在劳动过程中得到满足。

2. 劳动是实现人的价值的必由之路

马克思主义政治经济学将劳动视为商品价值的唯一源泉，社会必要劳动时间越多，商品价值量越高，社会必要劳动时间与商品价值量二者成正比关系。人作为一种人力资源，某种程度上也类似一种商品。这种特殊的“商品”，需要家庭、社会付出更多的时间成本和物质成本，投入更多的社会必要劳动时间方能造就。这种特殊的“商品”也需要拿到社会这个“大市场”进行交换，而交换的筹码则是“劳动”。人通过劳动获取生存、生活必需的物质资料，通过劳动提高自身能力以提高自己的交换价值，获取更丰厚的福利待遇，同时也通过劳动实现自身知识、技能、劳力等无形资源向精神资产的转换，在劳动中实现对社会的贡献。

总之，劳动是实现人的自我价值和社会价值的必要途径。作为高素质技能型人才，新时代的高校学生将会是实现“两个一百年”奋斗目标的中坚力量，应将个人的人生梦、职业梦和中国梦结合在一起，积极投身到社会的大熔炉中去，从而实现自身的社会价值。劳动是必经之路，劳动在个人和社会之间起着纽带作用。

（二）现实依据

1. 大学生劳动价值观出现偏差

当今世界是一个快速、多样、信息化的地球村。中国既处于战略机遇期，又处于矛盾凸显期。面对复杂的国际国内环境，这个时期的大学生比以往任何时期的大学生接触的内容都要多、要快、要复杂。“享乐主义”“拜金主义”正在侵袭着学生的思想，有些人追求利益最大化，追求不付出就要有回报、少付出就要多回报，逃避劳动、不愿意劳动甚至不会劳动。可见，大学生的劳动价值观出现严重偏差和错位。在访谈中，某学生认为毕业后如果靠自己勤奋劳动，生活实在是太苦、太累了，缺乏靠自己双手创造美好生活的意识；以大三某位参加实习的学生为例，该学生家庭条件较好，明确表示不愿意去实习，想在宿舍玩游戏，不想劳动，懒惰思想严重；某大二女生周末和假期在家很少做家务，认为做家务是父母的事情，父母若不在家，饮食则以外卖为主，生活自理能力较差。据有关调查可知，超过 80% 的高校学生在校期间对参与劳动活动较抵触，40% 以上的学生在参加实习的过程中出现不同程度的逃避现象。劳动价值观是对劳动价值全部主观评价的抽象，偏差的劳动价值观影响着高校生的成长和就业，帮助高校学生树立正确的劳动价值观显得尤为迫切和重要。

2. 劳动教育融入高校校园文化建设不够

高校校园文化是劳动教育的重要载体，应将劳动教育融入校园文化中，与课程体系、制度体系形成育人合力，最终实现立德树人的育人目标。目前，两者的融入还不够，主要表现在以下四点。

一是统一规划、顶层设计不够。宣传部门管宣传，教务部门管教务，学生部门管活动，党办院办管制度，不同部门之间各自为政，缺乏统一规划、顶层设计。

二是对劳动教育的思想导向性把握不够。为开展劳动教育，各高校往往会开展丰富多彩的文体活动，而大量的文体活动却有过度娱乐化的趋势，娱乐性偏多而启迪性不够，劳动教育的导向不突出，思想引领的作用发挥不充分。

三是劳动育人特色挖掘不够。每个高校在发展过程中都会形成自身独特的劳动理念、劳动精神。目前，高校对这些独特的劳动育人资源挖掘不够充分，本校特色、职业特色不明显，劳动教育与校园文化、职业文化融合不够。

四是对校园文化育人载体的多样性运用不够。校园文化本身是个复合概念，它包含物质文化、精神文化、行为文化、制度文化四个维度。在劳动教育与校园文化融合时，高校往往重视显性的、易操作的，如环境布局、宣传标语等物质文化而轻视精神文化，重视学生文化活动和实践活动等行为文化而轻视制度文化，将劳动教育多维度、多载体地融入校园文化建设还不够。

二、劳动教育融入高校校园文化建设的原则

新时期劳动教育融入高校校园文化建设，必须结合新时代的历史背景、劳动教育的时代内容以及文化育人的规律，把握政治方向、尊重发展规律、坚持原则方法，在丰富多样的具体方法路径之下遵循共性共通之则。

（一）坚持马克思主义劳动观的原则

劳动者是国家的主人，劳动不分贵贱，劳动者不分等级。美好生活的创造必须依赖于辛勤劳动。马克思主义劳动观要始终贯穿于劳动教育的始终，反对不劳而获、贪图享乐的错误思想。马克思主义劳动观是新时期开展劳动教育的根本原则，必须始终将马克思主义劳动观作为劳动教育融入校园文化建设的主流价值观。

（二）坚持“以生为本”的原则

所谓“以生为本”就是以学生为根本，将学生的健康成长作为劳动教育融入高校校园文化建设的出发点和归宿。坚持“以生为本”原则就需要劳动教育融入校园文化建设时，必须尊重学生个体的成长发展规律，尊重教育教学规律，尊重校园文化建设规律，以立德树人为目标，尊重学生的个性，服务学生成长，发挥学生自身的主观能动性，使其从“要我劳动”转变为“我要劳动”，从而促进学生的全面发展。

（三）坚持“协同融合”的原则

所谓“协同融合”原则，就是将劳动教育中各要素、各系统有效配合，多种力量集聚成一个总力量，形成互相配合、协调统一的局面，从而达到最佳育人效果。劳动教育的“协同融合”：一是劳育与德育、智育、体育、美育之间协同融合，五育并举以促进学生德智体美劳全面发展；二是劳动教育与教学育人、管理育人、服务育人之间协同融合，将劳动教育融入各教育环节，全面渗透；三是校园文化与劳动课程教学、劳动评价体系协同融合，校园文化的四个维度之间协同融合，高校内部各个行政部门之间相互协同融合。

（四）坚持“差异化”的原则

“差异化”原则是指劳动教育在融入校园文化建设时要选择符合自身实际的融入路径。新时期，劳动教育融入校园文化建设，高校要利用当地特有资源，注重结合学科、专业以及学院发展历史，充分挖掘凝练劳动精神，积极开展特色校园文化建设，开发劳动教育融入校园文化建设的新内容和新路径。

三、校园文化建设对加强高校劳动教育的意义

高校校园文化是指师生员工共同认可、坚守、传承的价值观念，是时代精神在高校的客观反映，是社会主义办学原则和指导方针在高校的集中呈现。充分发挥高校校园文化的引导、规范、激励、教育、凝聚功能，对加强劳动教育、培养德智体美劳全面发展的社会主义建设者和接班人具有重要意义。

（一）校园文化建设有利于高校整合劳动教育资源

英国人类学家泰勒认为文化具有复合性，“文化是一个复杂的总体，包括知识、信仰、艺术、道德、法律、习俗，以及人类在社会里所能得到的一切能力与习惯”。正如校园存在于社会中一样，校园文化同样是社会文化的有机组成部分，是镶嵌于社会文化大环境中的一种与众不同的、独具特色的亚文化形

态。校园文化作为一种社会现象，同样具有复合性的特点，蕴含着学校的历史传统、领导风格、教师教风、学生学风、校园环境、制度规范等丰富内容。校园文化建设的多元化载体和多样化形式，为劳动教育的有效开展提供了广阔的平台，拓宽了劳动教育的实践形式，形成了多部门、多载体、多形式共同培育大学生劳动价值观的合力；而劳动教育的深入开展，又会为校园文化建设注入劳模精神、劳动精神、工匠精神等鲜活元素，进一步丰富校园文化建设的内涵和层次，为校园文化建设提供有力抓手，二者相辅相成，共同服务于人才培养目标的实现。

（二）校园文化建设有利于高校营造崇尚劳动的浓厚氛围

在漫长的历史文化长河中，世世代代的炎黄子孙通过辛勤劳动创造了辉煌灿烂的中华文明，孕育了具有丰富内涵和深远影响的劳动思想，精卫填海、夸父追日、后羿射日、愚公移山、女娲补天、大禹治水、钻燧取火等神话故事均反映了古人对劳动的赞美和对命运的抗争。如明末清初思想家颜元就非常重视劳动教育，“养身莫善于习动，夙兴夜寐，振起精神，寻事去作，行之有常，并不困疲，日益精壮”；著名教育家陶行知在晓庄学院倡导“不会种菜，不算学生”，以“不会烧饭，不得毕业”为口号。可见，中华民族自古以来就拥有尊重劳动、崇尚劳动、礼赞劳动的悠久传统，辛勤劳动、诚实劳动、创造性劳动，不仅是中华民族数千年来繁衍生息的基本保障，而且是我们继续屹立于世界民族之林的宝贵精神财富和强大精神动力。

然而，在多元文化和不良消费主义的冲击下，中华民族的这一优良传统并没有得到很好的传承和发扬。譬如，有人把权力与财富作为人生成功的唯一标志，崇尚投机主义、享乐主义、拜金主义；有人一切向钱看，看不起一线工人，看不起农民工。部分大学生没有充分领悟劳动创造历史、劳动开创未来的深刻内涵，而认为“劳动不是自愿的，而是一种被迫的强制劳动。从而，劳动不是需要的满足，只是满足劳动以外的其他各种需要的手段”。在校园文化建设中，一方面要深入挖掘蕴藏在传统文化中的劳动教育资源，使学生从传统文化中汲取营养，树立正确的劳动价值观；另一方面要开展丰富多样的劳动实践活动，使学生亲临劳动教育现场，通过身体“在场”的劳动体验，实现由“身”到“心”再到“身心合一”的目标，进而在大学生中营造崇尚劳动的浓厚氛围。

（三）校园文化建设有利于高校劳动精神的凝练传承

文化具有传承性的特点。文化一经形成就会被他人模仿、借鉴，产生一定的扩散效应，包括在代与代之间进行纵向传递和在地域、民族之间进行横向传递。

从纵向来看，借助校园文化建设这一载体而实现的劳动教育，能够在高校内形成经久不息、代代相传的崇尚劳动的浓厚氛围。这样的校园氛围一旦形成，身处其中的学生即使不去参加专门的劳动实践，也会在无形中受到熏陶和感染，从而实现劳动教育的“润物细无声”。正如著名教育家涂又光先生所言，“校园是泡菜坛，文化就是泡菜水，学生就是泡菜；有什么样的泡菜水，就会泡制出什么样的泡菜”。

从横向来看，随着高等教育进入大众化时代，高校逐步从社会的边缘迈向社会的中心，已经不再是独立于社会之外的“象牙塔”。而大学生普遍具备较高的文化素质和科学素养，是当代青年群体中的佼佼者，对他们进行系统的劳动教育，引导其树立正确的劳动价值观，就相当于在全社会播下一粒希望的“种子”，进而孕育出全民热爱劳动、崇尚劳动、尊重劳动者的“硕果”。

四、高校校园文化建设中劳动教育缺失的常见问题

从现实情况来看，校园文化尚未成为劳动教育有效开展的重要载体。校园文化建设中仍存在“重视物质环境的改善，忽视劳动精神的凝练”“重视学生的主体地位，忽视教师的主导作用”“重视文化活动的多样性，忽视以劳动教育为导向的统一性”等亟待解决的问题。这些问题的存在，不仅阻碍了劳动教育的顺利实施，而且从根本上制约了德智体美劳全方位育人格局的构建。

（一）重视物质环境的改善，忽视劳动精神的凝练

美丽整洁的校园总是让人心旷神怡。近年来，有些高校将校园物质文化建设片面地理解为修葺漂亮的建筑、购置硬件设施，津津乐道其数量和外观，而弱化了对物质环境所应承载的大学精神的凝练和塑造。其实，每一所高校都是在艰苦奋斗中创造、在锐意进取中改革的，都有着自己独有的办学理念和办学特色。如果高校的物质环境建设脱离了学校在发展过程中所秉承的劳动理念、涌现出的劳动楷模，单单为建而建的建筑再漂亮也不是真正意义上的物质文化环境，从而失去了物质文化建设对高校加强劳动教育的根本意义。

（二）重视学生的主体地位，忽视教师的主导作用

有些高校把校园文化建设片面地理解为学生的文化活动，把加强校园文化建设等同于组织学生开展形式多样的文体娱乐活动，导致活动组织者疲于应付，活动参与者应接不暇。久而久之，高校逐渐形成了加强校园文化建设仅仅是学

生工作部门的职责，通过校园文化建设而实施的劳动教育也理应与管理、教学、科研等部门没有关系的错误认识。在这样的大环境下，本应作为高校校园文化建设的主导和主力的教职员工，日渐成为校园文化建设的旁观者，从而制约了校园文化促进劳动教育这一重要功能的发挥。

（三）重视文化活动的多样性，忽视以劳动教育为导向的统一性

丰富多彩的校园文化活动能够使大学生劳逸结合，保持身心健康，提高学习效率。于是，高校大力开展形式多样的文体娱乐活动，极大地丰富了学生的课余文化生活。为了吸引大学生积极参与，这些活动往往娱乐性偏多而启迪性不足，加强劳动教育的导向不突出，思想引领的作用不充分，在给学生提供展示自我机会的同时，也助长了精致利己主义思想的出现。因此，高校在丰富文化活动形式的基础上，更应重视活动主题的统一性和导向性，开展主题鲜明、内容丰富、形式多样的系列文化活动，使其成为高校开展劳动教育的有力载体。

五、劳动教育融入高校校园文化建设的路径

（一）劳动教育全面深入地融入校园文化的四个维度

物质文化、精神文化、行为文化、制度文化构成了校园文化的四个维度。物质文化和行为文化是有形文化，是外壳；制度文化和精神文化是无形文化，是内核。劳动教育需要全面深入地融入校园文化的四个维度，从而达到最佳育人效果。

1. 推动劳动教育融入校园物质文化建设

物质文化是存在于校园环境当中，能够为全体师生直接感知和触及的客观实物。马克思提出，人和环境是相互影响的，人可以影响和创造环境，同样，环境也以一种渗透的方式无形地影响着人。要推动劳动教育融入高校校园物质文化建设，无疑离不开物质环境的熏陶。自然环境、建筑风格、教学设施、实验设备，这些都是校园物质文化的呈现形态，高校应将劳动教育的内容融入学校景观设计、环境布局等，体现劳动精神、劳模精神和职业精神。例如，高校可以在宿舍生活区张贴热爱劳动、尊重劳动成果的宣传标语，提高学生的自立自强能力，使其自觉做好宿舍卫生保洁和尊重别人的劳动成果；在教学区域注重体现劳模精神、职业精神的环境布局，引导学生形成良好的职业素养；在校园场所，利用校园的宣传栏、展板、显示屏对劳动精神进行宣传，创造浓厚的育人环境，引导学生形成正确的劳动观。

2. 推动劳动教育融入校园精神文化建设

精神文化是全体师生共同认可的，通过他们的行为体现出来的特有文化品质，是校园文化的核心，包含校风、学风、教风等。要推动劳动教育融入校园精神文化建设，一方面，高校可充分挖掘办学历史中涌现出的优秀毕业校友和劳动精神，形成具有自身特色的劳动教育内容和理念，并通过校歌、校训加以体现；另一方面，高校要注意形成良好的校风、教风和学风，在教师中树立起教书育人、作风严谨、淡泊名利的教风，在职工中树立起艰苦奋斗、埋头苦干、相互协作的作风，在学生中树立起勤学苦练、扎实求学、感恩报国的学风，通过全体教职工的工作态度和敬业奉献，发挥示范引领作用，引导和促进学生形成诚实守信、踏实肯干、艰苦奋斗的精神。

3. 推动劳动教育融入校园行为文化建设

行为文化主要包括校园成员的生活、学习和思维方式，以及各种学术、文化、娱乐活动，是学校日常教学和生活中体现出的、最直接的文化形态。高校校园行为文化建设要以劳动教育为理念，将劳动教育融入学生日常生活劳动、校内外公益服务性劳动和实习实训中去，精心设计主题明确、内容丰富、形式多样的学生课外活动方案，使劳动教育具体化、形象化。

高校可借助重要的劳动节日契机，开展主题鲜明的劳动教育活动；举办“劳动人民的双手”“劳动人民的笑容”等大型活动，让学生感受劳动成果的来之不易，懂得尊重劳动成果和劳动人民；开展“今天我成了您”岗位体验活动，鼓励学生做一天的宿舍管理员、教室清洁工、餐厅帮厨、志愿服务者、农民伯伯等，通过岗位体验劳动精神；开展“走近劳模”活动，通过加强宣传、邀请讲座、视频学习、外出参观、交流心得等形式，营造一个走近劳模、学习劳模的氛围，让学生更好地理解劳模精神、工匠精神；开展“技能大比武”，结合专业，开展丰富多彩的技能比武活动，与专业技能相结合，使学生在劳动中提高专业技能，在比武中追求卓越。

4. 推动劳动教育融入校园制度文化建设

校园制度文化是学校在法令、行政、道德层面上建立起来的，与学校的价值观念、管理理念相适应的各种规章制度、道德规范、行为规范、工作守则等，是维持学校正常教学、生活、工作秩序的保证。推动劳动教育融入校园制度文化建设，是开展劳动教育的有效保障。校园制度文化以其强有力的制度性保障劳动教育的顺利开展。高校校园制度文化包含高校的教学制度、学生管理评价制度等。

推动劳动教育融入校园制度文化建设可从以下两个方面展开。

在教学层面，将劳动教育纳入人才培养方案。课程设置和实习实训均需要反映出劳动教育的内容，并将劳动育人的开展与实施成效纳入学院绩效考核制度，形成人才培养方案、教学实施与督导、教学质量评价与绩效考核之间的闭环式良性互动。

在学生管理评价层面，需要把学生的劳动素养纳入综合素质考评中，制订完善的评价标准，建立健全激励机制，全面客观记录学生的生产性劳动、服务性劳动、实习实训劳动等。将过程评价和结果评价相结合，既考查学生的基本劳动素养，又考查学生的创新创业能力；基本劳动和创造性劳动相结合，开展劳动教育的纪实评价，形成制度规范。值得一提的是，劳动教育融入校园制度文化建设，无论是融入教学制度，还是学生管理制度，都不是简单出台一项规定，而是要将纸上的规章制度切实落实到全体师生的行为取向上，进而融入全体师生的价值理念中，形成全体师生共同的价值理念。

（二）劳动教育与校园文化有机融合

校园文化像和煦春风一样，飘散在校园的各个角落，渗透在师生员工的价值理念和言谈举止之中，体现在他们的教学、研究、学习、做人、做事的态度和情感之中。将劳动教育与校园文化相结合，将劳动观、劳动精神融入师生员工的学习、工作和生活中，是高校加强劳动教育、构筑德智体美劳全方位育人格局的可行路径。

1. 让高校精神载体成为劳动教育的思想引领

高校精神载体主要包括校史、校训、校歌等。在开展劳动教育的过程中，高校可着重挖掘校史中关于开拓创新、奋力拼搏、迎难而上、自强不息的典型人物和故事，并用图片、话剧、视频等手段还原历史，让师生员工深刻领会劳动创造历史、劳动开创未来的道理。如新中国高等教育的开拓者吴玉章为创建中国人民大学，以逾古稀之年，殚精竭虑、历尽艰辛，在短时期内顺利完成学校筹备工作，并在治校17年间为新中国的教育事业做出了不可磨灭的重大贡献。在中国人民大学建校80周年时，该校话剧团创作了话剧《吴玉章》，并作为校庆大戏隆重上演，在师生间引起了强烈共鸣。这就是一个充分发挥校史的教育引导功能，大力弘扬高校办学历史中劳动精神的成功案例。校训短小精悍、言简意赅、便于记忆，是高校教育理念、人文精神、历史文化积淀的高度凝练。它渗透在高校的办学目标、管理制度、学科建设、人才培养等方面，贯穿高校育人全过程，在高校开展劳动教育的过程中具有灵魂和航标的作用。

2. 让高校教职员工成为劳动教育的先锋示范

育人者必先育己，立己者方能育人。高校教职员工不仅要“传道、授业、解惑”，还要切实做到“行为世范”，通过言传身教，激励引导学生树立正确的价值理念。吉林大学教授黄大年与时间赛跑，带领团队创造了多项“中国第一”，为深地资源探测和国防安全建设做出了突出贡献，是优秀教师，是时代楷模，是劳动模范，更是引导学生辛勤劳动、诚实劳动、创造性劳动的最好代表。高校要在加强师德师风建设上下功夫，将劳模精神、劳动精神、工匠精神纳入师德师风的内涵体系，将师德师风建设与思想政治工作、教学科研工作同研究、同部署、同落实；在深化新时代教育体制改革、建立科学的教育评价体系上下功夫，用劳动教育的内涵丰富高等教育理念，着力建设一支为人师表、治学严谨、认真负责、耐心细致、开拓进取的高水平教师队伍；在宣传引导上下功夫，重视模范教师的选树工作，广泛宣传优秀教师崇尚劳动、勤于劳动、以身作则、率先垂范的先进事迹，以教师高尚的人格魅力和模范的言行举止为学生树立标杆。

3. 让高校身边榜样成为劳动教育的时尚表率

任何时候，高校内都不缺乏向上向善的感人故事，总有自力更生的励志传奇，还有艰苦奋斗的勤奋典范。这些榜样就在大学生身边。为此，高校应成立身边榜样事迹采编队伍，开展身边榜样选树活动，挖掘普通学生中勤奋刻苦、诚实守信、乐于助人、勇于创新的点滴，选树学生党员中信念坚定、攻坚克难、默默奉献、奋力拼搏的典型，整理各届校友中自强不息、勤于钻研、苦干实干、创新创业的感人故事，并以他们的成长经历引导在校大学生正确认识劳动，积极参与劳动。大国工匠和劳动模范来自国家各行各业，分布在祖国各个角落，他们其实就在我们身边。充分发挥大国工匠和劳动模范的引领示范效应，将大国工匠和劳动模范请进校园，让他们从电视屏幕上、图书画册上、橱窗展板上走下来，走进教室、走上讲台、走到大学生中间，让大学生切身感受劳模精神、劳动精神和工匠精神，引导其立足刻苦学习、立志劳动创造，切实全面提升自身综合素质，培育深厚的劳动情怀。自 2015 年起，中国劳动关系学院充分发挥“劳动模范在校园，大国工匠在身边”的优势，聘请劳动模范担任大学生德育导师或兼职辅导员，让他们与大学生一起开展班级活动，共同参加社会实践，在深入交流的过程中，潜移默化地用劳模品质感染青年大学生，用劳模精神引领青年大学生，取得了很好的效果。

4. 让高校文化活动成为劳动教育的有力抓手

高校可以在新生入学教育中融入劳动教育内容，让大学生在知校爱校的同时，深刻领会劳动和劳动精神的内涵；在毕业生离校时，选拔学校形象代言人，鼓励毕业生用“干劲、闯劲、钻劲”在各自的工作岗位上为实现个人梦想、为国家创新发展不懈努力；开展创新创业系列讲座、创新创业作品设计大赛，开辟大学生创新创业园区，鼓励大学生积极参与创新创业，在劳动中成就未来；举办“劳模大讲堂”“大国工匠面对面”“大国工匠进校园”等活动，在校园中传播劳模故事、展示精湛技艺、弘扬劳动精神；开展以弘扬劳动精神为主题的摄影大赛、微视频大赛、征文大赛等，发挥大学生的主观能动性和创造力，引导他们深入理解劳动的内涵，主动宣传劳动精神，自觉践行劳模精神；以“探寻劳模成长历程”“弘扬劳模精神”为主题组织社会实践活动，带领大学生深入劳模工作单位，感受一线劳动的魅力。同时，高校可充分发挥其科研优势，引导师生举办劳动精神专题论坛、申请劳动教育研究课题、组织劳动教育专题讲座，邀请专家学者、劳模代表、优秀校友开展主题讲座、学术论坛，为学生深入解读劳动精神，为开展劳动教育、传播劳动精神提供智力支持和理论支撑。

5. 让高校新媒体平台成为劳动教育的重要阵地

高校要在灵活运用橱窗、海报、报纸等媒介的基础上，主动抢占新媒体阵地，推出更多轻量化、可视性高、互动性强的新媒体宣传作品；掌握网络传播的规律，依据“网络原住民”的媒体接触特点，用平视的角度、平和的心态、平等的互动实现劳动教育的“线上传播”；打造“身边劳模”“我身边的最美劳动者”“青年劳动之声”等形象生动的多媒体产品，提升劳动教育的吸引力；开设《人物志》《榜样的力量》等栏目，将校园人物的典型事迹用图文、视频、快问快答等方式呈现，增强劳动教育的感染力；通过微直播、微图说、微寄语等板块，鼓励师生参与讨论劳动教育话题，分享劳动教育感悟，提出劳动教育建议，增强劳动教育的互动性；开设网络访谈节目，邀请劳动模范、大国工匠、师德标兵等先进人物，讲述成长故事，分享劳动理念，探讨劳动精神；通过多元化的方式，增强劳动教育的时代感、吸引力、感染力和渗透力，切实让劳动教育“活起来”“实起来”“酷起来”“火起来”。

6. 让高校物质制度环境成为劳动教育的肥沃土壤

完善的校园设施，为开展丰富多彩的寓教于文、寓教于乐的劳动教育活动提供了重要阵地；健全的制度体系，为开展劳动教育提供了坚强的制度保障。高校应重视校园楼宇文化建设，在教学楼、公楼、图书馆、宿舍、食堂等主要场所，以图片、实物、文字、视频等多样化形式，充分展示各领域劳动模范和大国工匠的成长历程、卓越业绩，使劳模精神有机融入师生员工的日常学习、生活中，鲜活自然地传播弘扬劳模精神、劳动精神和工匠精神，引导青年学生自觉摒弃精致利己主义思想，着力塑造“崇尚一技之长，不唯学历凭能力”的新时代劳动价值观；打造劳动教育文化墙，在文化广场、运动场等人员较为集中的地区，集中展示劳动理念、劳动标语、劳动模范、劳模事迹等内容，增强师生员工的思想认同感；建立劳动教育课程标准和教学评价制度，健全师资队伍考核激励机制，制定劳动教育相关奖学金和荣誉评选实施细则，努力让这些不会“说话”的物质制度环境发挥正向的激励作用，引导师生员工崇尚劳动、开拓进取，通过制度建设营造浓厚的劳动教育氛围，涵养深厚的劳动情怀。

第六章　新时代大学生劳动教育的实践

第一节　生活技能实践

一、卫生劳动

（一）寝室卫生

寝室是同学们学习、生活、休息的重要场所，寝室文明环境建设直接体现了学生的精神面貌和个人素质，直接关系到大家的身体健康。

1. 文明寝室建设要求

同学们应将维护整洁文明的寝室环境内化为自觉追求，外化为自觉行动，具体如下。

①文明寝室总体应达到“三有”“三齐”“六净”“五无”的目标。

三有：有室长、有值日安排、有寝室公约；

三齐：室内物品摆放齐、床褥衣服叠放齐、个人物品存放齐；

六净：地面净、玻璃净、桌椅净、墙壁净、被品净、洗漱用品净；

五无：无违禁电器、无宠物、无垃圾、无异味、无杂物。

②每天应自觉做到“六个一”、自觉遵守“六个不”，维护寝室良好的生活环境。

“六个一”：叠一叠被子、扫一扫地面、擦一擦台面、整一整柜子、理一理书架、倒一倒垃圾。

“六个不”：异性宿舍不进出，外人来访不留宿，危险物品不能留，违规电器不使用，公共设施不损坏，果皮、纸屑不乱扔。

③应杜绝不文明行为，不在宿舍养宠物、不在宿舍楼内抽烟、不在门口丢放垃圾、不乱用公共电吹风等。

2. 特色寝室建设标准

特色寝室宣扬的是一种文化，一种相互影响、彼此照应、和谐共进的良好氛围，对同学们文化修养、综合素质等各方面的提高有着很大的促进作用。

特色寝室的建设，要以“三比”（比理想、比学习、比奉献）为核心，以“四互”（互帮、互助、互管、互爱）为主要形式，以“五要求”（安全、干净、整洁、文明、团结）为目标，考虑寝室大部分人的特性、喜好、价值观等，然后以此为方向营造出别具一格的“特色”文化。如果寝室大多数人都喜欢学习，便可以考虑建设学习型寝室；如果寝室大多数人都喜欢运动，便可以考虑建设运动型寝室；如果寝室大多数人都对环保有一定兴趣，便可以考虑建设环保型寝室。与此类似的，还有创业型寝室、自强型寝室、友爱型寝室、音乐型寝室等。

在建设特色寝室时，可参考以下标准。

①全体寝室成员共同参与特色寝室建设，共同商议并确定特色寝室建设方向。

②在干净整洁的基础上，按照主题特色布置寝室。呈现出的效果符合指定特色，简单、大方、美观，别具匠心、新颖独特，让人眼前一亮。

③寝室布置含有若干小设计，以彰显个性，传递寝室文化。

④有与寝室文化对应的“行为习惯养成计划”“寝室团建活动安排”等。

3. 寝室美化设计与创意

（1）美化原则

①简单、大方：寝室一般不大，没有必要摆放过多物品进行装饰，否则会显得太杂。

②温馨、舒适：寝室是放松休憩的地方，在美化时要考虑烘托一种温馨、舒适的氛围，让室内充满家的温暖气息。

③突出文化气息：寝室还是学习的场所，在美化时，要从色彩、风格上考虑这个因素，营造一个安静、适宜学习的空间。

（2）寝室美化小窍门

①衣柜整理。

宿舍里的衣柜很多都是直筒式的，几乎没有隔断，在放置衣物时往往会浪费很多空间。使用隔板能够将衣柜划分成合适大小的区域，充分规整收纳空间。此外，还可以购买一些多层收纳挂筐，这样就能够将各种物品分类收纳，使所有物品一目了然。如果宿舍的衣柜里没有挂衣杆，可以用“伸缩棒”代替。

②桌面美化。

下课看到乱糟糟的桌面，会非常影响心情。如何才能让桌子拥有更多收纳空间呢?

第一，网格板收纳：网格板是一种轻便又实用的收纳工具，而且购买成本非常低。将网格板放置在桌面旁边的墙上，不仅能够将桌面上的小物品收纳起来，同时也是一种很好的装饰品。

第二,桌下挂篮: 桌下挂篮能创造隐形的收纳空间,可放置的物品非常多样。

③床边装饰。

床边挂篮和床边挂袋是寝室非常实用的收纳和装饰工具，既能够放水杯、纸巾，还能放一些书，可以避免爬上爬下来回拿东西，同时也可以保证床铺的整洁。

（二）校园卫生

1. 校园环境

校园环境包括物质环境和精神环境。

（1）物质环境

校园物质环境主要是指校园内经过人们组织、改造而形成的校容校貌和校园学习环境，具体包括校容、校貌、自然物、建筑物及各种设施等。这种物质环境自然也是一种文化，体现了“桃李不言”的特点，能使学生不知不觉、自然而然地受此熏陶、暗示、感染。

干净、整洁的校园物质环境能更好地体现学校各种物质的个性和精神，加深这种“无声胜有声”的教育作用。

（2）精神环境

校园精神环境是校园的灵魂，是学校师生认同的价值观和个性的反映，是一种潜在的教育力，具体体现在师生的精神面貌、校风、学风、校园精神、学校形象等方面。从学生个体角度看，精神环境又是心理环境。良好的心理环境会使人的精神愉快，具有催人奋发向上、积极进取、开拓创新的作用。

2. 维护校园环境秩序

为维护良好的校园秩序，营造一个文明、整洁、健康、高雅的校园环境，建设平安校园、和谐校园，可制定以下校园文明行为规范：

①着装整洁得体，仪容端庄。

②行为举止高雅，谈吐文明。

③爱护学校花草树木，节约用水。

④乘坐电梯遵守秩序，先下后上，相互礼让。

⑤遵守学校环境卫生的有关规定，保持学校环境卫生，不随地吐痰、不乱扔杂物。

⑥文明如厕，保持卫生间清洁，爱护其设施。

⑦上课时遵守课堂纪律，候课时不得在楼道内大声喧哗。

⑧爱护教室设施，合理使用教学设备，保持干净整洁的教学环境。

⑨汽车、电动车、自行车停车入位，摆放有序。

⑩严禁在教室、办公室、楼道楼梯、卫生间及公共场所吸烟。

二、垃圾分类

垃圾是城市发展的附属物，城市每年产生上亿吨的垃圾。今天，垃圾围城成为困扰全球大城市的难题，高速发展中的中国城市，也正在遭遇“垃圾围城”之痛。要解决垃圾围城问题，离不开垃圾分类。

（一）垃圾分类新时尚

“实行垃圾分类，关系广大人民群众的生活环境，也是社会文明水平的一个重要体现。”垃圾分类是新时尚。全民参与垃圾分类，具有以下几个方面的意义。

1. 减少环境污染

我国现有的垃圾处理方式包括填埋和焚烧。填埋垃圾时，即使远离生活场所并采用相应的隔离技术，也难以杜绝有害物质的渗透，这些有害物质会随着地球物质循环而进入整个生态圈中，污染水源和土地，通过植物或动物最终影响人们的身体健康。另外，垃圾焚烧也会产生大量危害人体健康的有毒气体和灰尘。

其实，有很大一部分垃圾是不需要填埋也不需要焚烧的。如果我们能够做好垃圾分类，就能减少垃圾的填埋和焚烧，从而减少环境污染。

2. 节省土地资源

填埋和堆放等垃圾处理方式不仅占用土地资源，且垃圾填埋场属于不可复场所，即填埋场不能够重新作为生活小区。此外，生活垃圾中有些物质不易降解，会使土地受到严重侵蚀。

据统计，垃圾分类可以使人均生活垃圾产生量减少三分之二，从而节省大量土地资源。

3. 促进资源的循环利用

垃圾的产生源于人们没有利用好资源，将自己不用的资源当成垃圾丢弃，这种废弃资源的方式对于整个生态系统的损失都是不可估计的。在处理垃圾之前，通过垃圾分类回收，就可以将垃圾变废为宝，如回收纸张能够保护森林，减少森林资源的浪费；如回收的果皮蔬菜等生物垃圾，可以作为绿色肥料，让土地更加肥沃。

此外，垃圾分类有利于改善垃圾品质，使焚烧（或填埋）得以更好地进行无害化处理。以垃圾焚烧为例，分类能助力焚烧处理做得更好，可起到减量（减少垃圾处理量）、减排（减少污染排放量）、提质（改善燃烧工况）、提效（提高发电效率）等作用。

4. 提高民众的价值观念

垃圾分类是处理垃圾公害的最佳解决方法和最佳出路，进行垃圾分类已经成为一个国家发展的必然路径。垃圾分类能够使得民众学会节约资源、利用资源，养成良好的生活习惯，提高个人的素质修养。一个人如果养成良好的垃圾分类习惯，那么他就会关注环境保护问题，在生活中注意资源的珍贵性，养成节约资源的习惯。

（二）垃圾分类标准

2019 年 11 月 15 日，新版《生活垃圾分类标志》标准发布，同年 12 月 1 日起正式实施。与 2008 版标准相比，新标准将生活垃圾类别调整为可回收物、有害垃圾、厨余垃圾和其他垃圾四大类。

（三）垃圾分类操作

1. 分类原则

进行垃圾分类，关键要掌握分类原则：可回收物记材质，玻、金、塑、纸、衣；有害垃圾非常少，主要是废电池、废灯管、废药品、废油漆及其容器；厨余垃圾看是不是很容易腐烂、很容易粉碎；其他的就都是其他垃圾了。当发现有不能准确判断类别的垃圾时，也可以把它归到其他垃圾中。

2. 投放要点

（1）可回收物

投放要求：

①应尽量保持清洁干燥，避免污染；

②立体包装物应清空内容物，清洁后压扁投放；

③易破损或有尖锐边角的应包裹后投放。

（2）有害垃圾

投放要求：

①投放时应注意轻放；

②易破碎的及废弃药品应连带包装或包裹投放；

③压力罐装容器应排空内容物后投放。

④公共场所产生有害垃圾且未发现对应的收集容器时，应携带至有害垃圾投放点妥善投放。

（3）厨余垃圾

投放要求：

①厨余垃圾应从产生时就与其他类型的垃圾分开收集；

②投放前尽量沥干水分，有外包装的应去除外包装后投放。

③公共场所产生厨余垃圾且未发现对应的收集容器时，应携带至厨余垃圾投放点妥善投放。

（4）其他垃圾

投放要求：投入干垃圾收集容器，并保持周边环境整洁。

三、手工制作

《国务院办公厅关于全面加强和改进学校美育工作的意见》（国办发〔2015〕71号）是我国下发的第一个有关美育工作的指导性文件。该文件中着重强调“美育是审美教育，也是情操教育和心灵教育，不仅能够提升大学生的审美素养，还能潜移默化地影响人的情感、趣味、气质、胸襟，激励人的精神，温润人的心灵”。新时代大学生不但要具备健全的人格，还应具备较高的精神修养与艺术审美能力，这样才能适应社会主义现代化发展的需要。

因此，学校通过多种形式开展美育课程及艺术文化活动，是加强思想政治教育工作及完善育人体系的重要一环。

手工制作技艺是劳动人民在满足生活和审美需要的过程中发展而来的，也是当前学校进行劳动教育及美育的重要资源。近年来，手工制作在校园越来越受重视。大学生学习、参与手工制作的主要平台有手工制作类课程、创意 DIY 手工活动、传统手工技艺校园传承活动等。

（一）高校手工制作类课程

手工制作类课程是新时代高校劳动教育中一门重要的专业技能课程，主要研究手工特点、造型规律、表现媒材等内容。同学们需掌握手工制作的基本原理及简单工具的使用技巧，同时还需完成相对复杂的、兼具较高艺术审美情趣的手工作品。随着高校教育教学的改革与发展，手工制作类课程逐渐得到重视。它在陶冶情操，提高美育素养，培养动手能力，激发创造力，促进大学生德、智、体、美全面发展等方面具有重要作用。学校手工制作类课程涉及扎染、蜡染、刺绣、布艺拼贴、彩绘等。下面是我们在课程学习中常见的两种手工技艺。

1. 扎染

手工扎染作为手工制作的课程之一，讲究布与色彩艺术的完美结合，深受同学们的喜爱。所谓扎染，就是用绳子等工具来扎紧布，染色后则会形成规则或是不规则的花纹，扎紧的部分染色会比较少或是没有，这样就形成了扎染。在手工扎染中，很重要的工具便是染料。染料有很多种，可分为直接染料、酸性染料、分散染料、活性染料、有机染料等，而大学生最常使用的是直接染料。这样同学们在进行扎染制作的时候，就不需要借助过多复杂的工具，使用也更为方便。通常我们可按如下步骤来进行手工扎染的制作：

第一步是准备染液。染料需要按一定的比例和标准配制成染液。在配制染液时，先将适量的染料倒入玻璃杯中，而后加入适量的温水并用棍棒搅拌均匀，避免玻璃杯中出现块状晶体的沉淀；而染液在放置一定时间后，会出现沉淀或是分层的现象，这时我们把染液放在锅里蒸热、搅拌即可。若是还有剩余的染液，我们可以选择密封性强的玻璃罐将它密封起来，放在阴凉、干燥的地方储存，再次使用时便用上述方法将其复原，这样可以避免浪费。一般来说，我们在扎染当天准备好染液即可。

第二步是对布的处理。在染色前将布放在沸水中泡煮有利于染色过程中布对染料的吸收，同时有助于去掉布表面的布浆，以便我们更好地进行染色。之后我们再将布放在凉水里浸泡、搓洗，就可以开始进行扎染了。

另外，我们在扎染前还可以给布的表面涂上糖浆，这样会形成散射的布艺效果，构成许多漂亮的图案纹样。

2. 女红

女红亦作“女工”“女功”，或称“女事”，属于中国民间艺术的一种。纺织、编织、缝纫、刺绣、拼布、贴布绣、剪花、浆染等都称为“女红”。刺绣作为女红中一个重要的种类，也是我们当代大学生日常生活中接触较多和需要掌握的简单技能。我们身边许多常见的物品都可以用来为刺绣服务，比如针、线，是我们生活中缝补时常用的工具，能为我们的生活增添别样的情趣。如绣制可爱的小饰品、在衣服上缝制图样、手工刺绣图画等，可以有效缓解同学们的心理压力，同时提升大家的审美素养。除此之外，缝缀也是一项日常较实用、成品美观的手工技艺，而缝缀和刺绣的完美结合能为我们的手工作品增色不少。如将线条缝缀到制作的布艺上，或者是将布艺上的线丝适当地抽掉一些，可以展现出性感的蕾丝效果。另外，适当地运用丝带、散落的珠子以及纽扣等都可以达到不同的审美效果。

目前高校的手工制作课程仍存在教学模式传统、老套，教学内容单一，缺少传统文化资源的融入，手工课教学设备不完善，学生缺乏学习手工的信心和兴趣等问题。因此，学校为了顺应时代发展的需要，也在积极进行探索与改革。如尝试结合网络资源采取翻转课堂的手工课教学模式，致力于挖掘民族传统手工技艺资源，并运用计算机技术等实现手工制作的创新。

（二）优秀传统手工制作的传承

2018年，教育部发布《教育部关于开展中华优秀传统文化传承基地建设的通知》（教体艺函〔2018〕5号）（以下简称《通知》），积极推动了优秀传统手工艺走进高校。

新时代高校不仅是传播知识、培养人才的摇篮，同时也肩负着传承中华优秀文化的重任。学校应立足于我国的基本国情，对学生进行审美观念的正确引导，培养大学生的爱国情怀和对中国传统文化的尊崇之情，增强当代大学生的使命感和责任感。因此，作为新时代的大学生，我们能看到越来越多的传统手工制作技艺走进校园，也需自觉提升对中国优秀传统文化价值体系的认同。《通知》也指出，中华优秀传统文化传承基地建设内容包括课程建设、社团建设、工作坊建设、科学研究、辐射带动、展示交流六个方面，这都为传统手工艺人走进高校提供了保障。

当前，各地学校正在积极探索传统手工制作融入高校劳动教育课程的途径。大学生可在如下三个方面参与到传统手工制作的学习中：传统手工艺课程体系的引入创新、传统手工艺人进课堂、相关特色文化活动的建设。传统手工艺课程体系的引入并不是生搬硬套地照抄，而要与新时代高校劳动教育课程相融合，深入挖掘传统手工艺术元素，将剪纸、陶艺、泥工、漆艺、蜡染等本土特色融入手工课程体系，利用本土丰富的手工艺资源，对其中的经典文化元素、制作手法、构图等进行重新组合，让优秀的传统文化资源成为劳动教育的优势，同时有效促进传统手工技艺的知识普及与传承创新。不少高校也正在推进传统手工艺人进课堂的教育模式。高校聘请传授手工技艺的师傅，对专项手工制作进行教授，如刺绣、编织、印染、陶艺等具有地方特色的传统手工技艺传承人走进劳动教育课堂，不仅能为我们提供丰富的实践资源，还能更好地帮助我们理解民族文化的内涵，增强对中国传统文化的认知。除此之外，学生还可通过学校手工爱好社团活动、手工制作展、手工体验馆、课外考察等搭建的手工制作实践、展示、交流的多样化平台，深入领悟其文化内涵，融入当代审美情趣，塑造传统手工艺术的时代魅力。

（三）大学生创意 DIY 手工

DIY 是“Do It Yourself”的缩写，即自己动手制作。创意 DIY 手工对于当代大学生来说并不陌生，它在锻炼动手能力、验证理论知识、缓解学习生活压力等方面有着独特的价值。目前，不少大学生的业余生活都被网络、游戏所充斥，大家的思想在快节奏的信息冲击下，在碎片化的信息数据影响下容易变得浮躁。而手工 DIY 这种形式，讲究自主思考，注重思维和行为之间的协调，在丰富大学生业余生活的同时，还有助于培养创新精神、展现个人风采。我们较常接触的有 DIY 陶艺、DIY 装饰品、DIY 校园纪念物等，于是各类校园 DIY 手工坊也应运而生。

同学们可通过 DIY 手工坊、社团 DIY 活动、校园 DIY 大赛等途径积极参与 DIY 手工制作。高校 DIY 活动也可与学生各类主题思想教育相结合，成为弘扬校园主流文化、提高学生综合素质的新平台。

在 2020 年年初打响的抗击新型冠状病毒性肺炎疫情阻击战中，许多高校学子借手工 DIY 的形式，向奋战在一线的医务工作者和社会各界爱心人士致敬，呈现了许多精美的手工作品。

四、物品整理

（一）物品整理的基本要求

家居环境、寝室布置与大学生的日常学习、生活息息相关，其中物品的整理陈设直接体现了当代大学生的精神面貌和个人素质。在校园生活中，我们首先应做好自己寝室的物品整理。新时代大学生应将维护整洁文明的寝室环境、保持个人与寝室物品的规整和美观内化为自觉追求，外化为自觉行动。

今天我们对“物品整理”的理解已不再停留于将东西整理、收藏好，还需要让放置好的物品能够被轻松取出、轻松放回、轻松打扫，这样我们的日常整理才会形成有效的良性循环。比起动辄来一场“乾坤大挪移”，有效的整理方法更容易保持家居、寝室的整洁。因此，我们的物品整理要达到“好收好拿好放回”的目的，努力养成“随用随拿随放回”的良好习惯。

“好收好拿好放回”，即做好物品分类。按照使用人、使用场所和使用习惯对物品进行归类整理，谁的物品就放在谁的地盘，物品在哪儿用就收在哪儿，物品使用后随手放回。这样能有效保持家居、寝室的整洁持久度。而“随用随拿随放回”的生活习惯既方便物品使用，也便于日常整理。这两项物品整理的要求应成为我们当代大学生在居家、寝室生活中的良好素养之一。

（二）物品整理与寝室布置的原则与要点

物品的规整布置、美化装饰直接影响寝室的美观程度，反映寝室文化。前文提到，寝室物品整理与装饰应遵循整洁大方、温馨舒适、突出文化气息的原则。

同时，大学寝室的整理和布置还需考虑大部分人的特性、喜好、价值观等，在此基础上统筹设计，营造出别具一格的“特色”文化，建设文明、温馨、绿色的特色寝室。在进行寝室的布置和物品的创意设计时，要注意把握以下要点。

1. 彰显寝室文化

每个寝室都有不同的文化，在美化时要充分考虑自己的寝室文化，做出别出新意的美化设计。

2. 用材节约，变废为宝

低碳、绿色不仅是时下流行的概念，更是新时代大学生应践行的生活方式。在装饰寝室时，充分利用牛奶盒、饮料瓶、废纸箱等被忽略的生活垃圾和旧物，做成各种实用的日用品，不仅创意十足，更向周围的人传递了一种绿色的生活态度。

3. 彰显个性

寝室是每一个住在这里的人的“家”，由多个小空间组成，在美化时，每个人在兼顾大风格统一的基础上，也要考虑自己的审美偏好和兴趣爱好，打造属于自己的“私密空间”，彰显自己的个性。

（三）物品整理的方法与收纳技能

1. 物品整理的方法

在高校文明寝室建设的大背景下，我们应大力提倡与推广科学的整理理念与方法，改变过去对物品的整理仅停留在“清扫、打扫”上的错误观念。当代大学生应把物品整理作为一种合理有效利用空间、方便物品取用的生活习惯，同时也作为一种美化寝室环境、提升生活质量与幸福感的居家方式。下面为大家介绍一套科学系统的物品整理方法，即“设定理想目标—舍弃—收纳整理—美化装饰”。

①设定理想目标：以“做一次整理，不再回到原来混乱状态”为目标进行彻底整理。尝试以下准备：给凌乱的寝室一角拍照，发给亲人朋友，激励自己努力整理（通过照片你会发现宿舍比你看到的更加凌乱）；进行物品分类时要按类别，而不是按“场所”整理；学会列清单，做“整理笔记”能让事情更有条理，获得成就感等。

②舍弃：我们需要保留那些比较稀有的物品（难买到又无法替代的），或者具有信息价值（有用）、情感价值（有回忆）以及功能价值（能使用）的令自己“心仪”的物品，丢弃、转卖或捐赠已经完成本身使命的物品。

③收纳整理：首先要设置好物品固定的存放位置，以“好收好拿好放回”为原则（如常用外，不常用内），通过折叠、集中、直立、四方形摆放等方式，做到九分收纳，切忌“过度划分”，并学会借用一些整理工具，如收纳盒、S形衣撑等。

④美化装饰：根据前文美化设计的要点，统筹寝室装饰布置，打造兼具寝室文化与个性特色的温馨、绿色的环境。

2. 物品整理的收纳技能

寝室是集体生活、学习的公共居所，如果不注意及时整理，很容易就会陷入混乱的状态。究其原因，是寝室空间小、功能多。大学寝室是 4 个人，甚至 6 个人或 8 个人的共同生活空间，每个人可以利用的空间有限。此外，寝室还要实现学生睡觉、学习、洗漱、衣物收纳、沟通交流甚至简单锻炼的多种功能。因此，寝室物品的整理收纳是当代大学生必备的生活技能之一。

第二节　社会服务实践

一、政务助理

政务助理一般包括勤工助学和政务实习。勤工助学主要是学生利用课余时间在校内参加勤工助学岗位；政务实习是学生利用寒暑假到校外政府部门参加实习。通过政务助理，大学生能拓宽专业视域，提高劳动技能，从而更好地为未来的职业发展奠定基础。

（一）勤工助学

1. 勤工助学的含义

勤工助学，一般是指学生在学校的组织下利用课余时间，通过劳动取得合法报酬，用于改善学习和生活条件的实践活动。勤工助学是学校学生资助工作的重要组成部分，是提高学生综合素质和资助家庭经济困难学生的有效途径，是实现全程育人、全方位育人的有效平台。随着国家教育体制的改革和素质教育的全面开展，勤工助学成为大学生社会服务、实践活动的重要环节。

2. 勤工助学的价值与意义

在新的时代背景下，勤工助学可以产生衍生价值。它可以让学生在勤工的过程中有更多的收获。勤工是手段，助学是目的，这是勤工助学的核心价值。

勤工助学是为大学生量身定制的“有薪劳动”。首先，勤工助学是大学生的劳动启蒙。无论什么样的勤工助学岗位，都是一份“工作”，参与者只有劳动才能完成，只有付出才有收获。学生通过付出脑力和体力取得经济收入，这种劳动体验与锻炼有利于大学生健康、全面地成长。其次，勤工助学是大学生的财富启蒙。学生勤工的收入可以直接补贴生活，减轻家庭的经济压力；大学生也可以增强对“劳动创造财富”“知识创造财富”的认识，体会到每一分钱都来之不易，养成勤俭节约的习惯。

学校通过组织勤工助学，对学生进行劳动技术教育，培养学生正确的劳动观和态度，使其养成自立、自强、艰苦奋斗等良好品质。

（二）政务实习

1. 政务实习的含义

大学生政务实习一般由各级政府等相关部门联合开展，由市直单位、县市区直单位、大中型企业等提供实习岗位，由学校团委、学工部、研工部等部门遴选具有较高综合素质的学生志愿者，赴各级党政机关和企事业单位开展以政务参访、岗位体验、学习交流等为主要方式的社会服务活动。活动时间一般为寒假或暑期，为期 1 ～ 2 个月。

2. 政务实习的价值与意义

高校通过开展大学生政务实习活动，引导大学生在服务家乡经济建设和民生发展的生动实践中受教育、长才干、做贡献；帮助大学生在实习实践中深入了解国情社情，树立正确的就业观，储备就业工作经验，为就业做好充分准备，实现更高质量和更加充分的就业。

高校通过多种形式的实习实践，进一步构建多层次、全方位、立体化的人才培养模式，引导青年学生感受党政机关良好的工作状态和精神面貌，帮助他们在实习实践中坚定理想信念、提升政治素养、锤炼过硬本领、培养良好作风，努力成长为德智体美劳全面发展的社会主义建设者和接班人，争做担当民族复兴大任的时代新人。

二、专业劳动

“要在学生中弘扬劳动精神，教育引导学生崇尚劳动、尊重劳动，懂得劳动最光荣、劳动最崇高、劳动最伟大、劳动最美丽的道理，长大后能够辛勤劳动、诚实劳动、创造性劳动。”这是对新时代高等教育的育人功能提出的更高要求。如何将劳动教育贯穿于专业教育全过程，发挥专业劳动教育在培养德智体美劳全面发展的社会主义建设者和接班人中的作用，是值得思考与探讨的问题。

《国家中长期教育改革和发展规划纲要（2010—2020 年）》指出：“创新人才培养模式，要注重知行统一，坚持教育教学与生产劳动、社会实践相结合，开发实践课程和活动课程，增强学生科学实验、生产实习和技能实训的成效。”

《中国教育现代化 2035》指出：“弘扬劳动精神，教育引导学生崇尚劳动、尊重劳动，树立依靠辛勤劳动创造美好未来的观念。强化实践动手能力、合作能力、创新能力的培养。”

（一）认识专业劳动

1. 专业劳动

专业劳动是围绕就业岗位从事的与专业相关的劳动实践，如跟岗实习、顶岗实习和各类专业技能训练等。专业劳动是教育与生产劳动相结合的实践教学形式，是学生将理论知识应用于生产实践而获得实践经验的重要途径，在培养学生观察、发现问题以及应用所学知识解决问题的能力方面发挥着重要作用。学生通过参加各种专业劳动，将各学科知识融会贯通，并在实践中发现问题、解决问题，使课堂上学习的理论知识得到了印证。学生在专业劳动过程中也积累了实践经验，提高了实践操作技能和专业综合能力，培养了面向基层、面向农村、艰苦奋斗、求真务实的工作作风。

2. 专业劳动教育

学校劳动教育需要紧密结合学生的专业特点，对学生进行专业劳动教育，帮助学生形成正确的劳动观、价值观，并在专业劳动实践中不断成长与发展。以交通土建类专业劳动教育为例，学校聚焦与学生专业相关的就业岗位，举办专业技能竞赛，强化工程测量、工程识图、试验检测、力学检算等专业基础性技能训练，促进学生专业技能的提升，夯实学生职业发展的基础。高校与企业共建生产实训基地，开发与生产活动对接的实践训练项目，实施实训室开放式管理，搭建劳动技能培养平台；加强与交通土建施工企业合作，落实学生实习岗位，针对交通土建工程施工周期性特点，灵活组织教学模式。春夏施工旺季，学生在企业开展跟岗、顶岗实习，冬季息工季节，学生在校强化专业知识和单项技能。学生在实习期间参与完成企业生产任务，校企安排“双导师”进行指导，让学生在岗位上锻炼，在劳动中提升。

（二）推进劳动教育与专业教育的融合

1. 推进劳动教育与不同专业相融合

劳动教育与专业教育在过程和目标上都具有内在统一性。大学各类专业课程，从知识体系建构到知识体系向劳动体系转化、知识体系向科技创新升华、知识体系向社会财富转变等，无不渗透或展现出当代社会的劳动价值与发展趋向。因此，高校应在专业知识传授中强化劳动观念导向、劳动立场导向、劳动态度导向、劳动精神导向，自觉融入劳动要素，在传道中授业，在授业中体验，在体验中感悟，在感悟中认同，努力构建具有本专业特色的劳动教育价值体系。同时，注意加强专业教育中劳动知识的传授和劳动技能的训练，培养劳动精神、劳模精神、工匠精神，使当代大学生成为劳动精神、劳模精神、工匠精神的自觉实践者。

高校根据专业发展特点开设课程，传授专业劳动知识，培育专业劳动技能，培养具有创新精神和实践能力的高素质专门人才。在各类专业设置中，自然科学领域的科学研究，如物理实验、化学实验、天文观测、地质勘探等具有鲜明的劳动特点；工科中的机械、电气、建筑、水利等研究应用技术和工艺，是专业教育与劳动教育相结合的生动实践。在社会科学领域，社会调查具有劳动的性质。在艺术领域，绘画、设计和音乐创作等也是一种创造性劳动。可以说，不同的专业蕴含着丰富的劳动教育元素，高校需要对不同的专业课程进行全方位挖掘，促进劳动教育与不同专业课程的融合。

2. 推进劳动教育与实习实训相融合

实习实训是高等教育实践教学环节的重要组成部分，包括专业实验、专业实训、专业实习等。专业实验是指专业课程教学中需通过实验完成的教学环节；专业实训是指依托相关部门开展的实践教学活动；专业实习是指学生在与所学专业相关的部门从事的实践工作。实习实训是学生学习劳动知识和技能的主要方式，是培养学生劳动价值观的主要阵地，是学生养成劳动品质的练兵场。

当前，各高校根据国家要求，不断推进实验实训课程建设，积极拓展实习合作企业与行业部门，建成了一系列实验教学中心和实习实训平台，以满足高校人才培养的需求，但是实习实训与劳动教育的融合度仍有待提升。因此，高校要抓好实习实训中的劳动教育，推进劳动教育与实习实训相融合，在实习实训中融入劳动价值观、劳动态度的教育，让劳动品质根植于学生心灵，让劳动成为一种习惯。

如何推进劳动教育与实习实训相融合？一是要优化实习实训教学体系。高校要做好实习实训的物质保障，加强校内实验教学资源整合，推动与校外行业部门、企业协同合作，建设满足实践教学需要的实验实习实训平台；在构建教学体系时融入劳动教育，明确劳动教育的目标、教学体系和教学任务。二是要加强实习实训过程管理，确保劳动教育落实。高校应建立实习实训标准，健全实习实训管理制度，规范学生实习实训的目标与任务，发挥教师在实习实训中的指导作用。三是要完善实习实训考评体系，提升劳动教育的地位。学校可将劳动教育的实施情况和效果纳入教师的考评中，将劳动态度、劳动行为纳入学生实践教学课程考核、综合素质考评等评价中，调动师生参与的主动性、积极性。四是发挥校企协同育人的作用，巩固劳动教育的成果。高校可运用企业文化育人，选择文化底蕴丰厚、拥有正确的劳动观念和劳动态度的企业或行业部门开展实习合作；发挥企业的育人作用，加强兼职实践教师队伍建设，聘请专业技术精通、指导经验丰富、责任感强的企业或行业部门技术人员或专家担任实践指导教师。

美国麻省理工学院提出“Mind，Hand”，即动脑动手的教学理念，意在营造边学边做的文化氛围，鼓励学生将严谨的学术研究与丰富的想象力相结合，在实践劳作中解决社会难题。以麻省理工学院工程系为例，在课程体系设置中，学院开设能源、创业、环境、生命科学、运输五类跨学科课程，同时开设工程伦理、人文社科课程，使学生能够从价值、伦理、生态、人文的角度来思考工程中的专业问题，进而对社会中与工程相关的各个方面有更加深刻的理解，培养学生的工程综合素养，使其能够服务于社会。在实验室建设方面，其已建立58个跨学科研究中心、实验室和项目计划，作为课堂教学的延伸，为课程建设及发展搭建了重要的平台，让学生深入参与实践，打破不同领域间的专业壁垒，为解决社会问题提出了更深层次的理解和新思路。

三、创新创业

实现全面建成小康社会奋斗目标，实现社会主义现代化，实现中华民族伟大复兴，需要一批又一批德才兼备的有为人才为之奋斗。青年一代有理想、有追求、有担当，要扎根中国大地了解国情民情，在创新创业中增长智慧才干、锤炼意志品质，用青春书写无愧于时代、无愧于历史的华彩篇章。

（一）创新创业的含义和特征

1. 含义

创新创业由“创新”和“创业”组成。创新是以新思维、新发明和新描述为特征的一种概念化过程。创新有三个层次，即基础性创新、支撑性创新和应用性创新。创业是不拘泥于当前资源约束，寻求机会，进行价值创造的行为过程。《2015年政府工作报告》中首次提出了“双创”，即推动“大众创业、万众创新”。

2. 特征

一是高风险。创新创业是建立在创新基础上的创业，但是创新受到人们现有认知、行为习惯等方面的影响，会面临比传统创业更高的风险。正如现代管理学之父彼得·德鲁克所言：“真正重大的创新，每成功一个，就有99个失败，有99个闻所未闻。”

二是高回报。创新创业是对已有技术、产品和服务的更优化组合，对现有资源的更优化配置，能够给人们带来更大的新价值，从而开创所在领域的“蓝海”，获取更多的竞争优势，也获取更大的回报。

三是促进上升。创新创业是在创新基础上的创业活动，创新是创业的基础和前提，同时创业又是创新成果的载体和呈现。

（二）创新创业的意义

创新创业是发展的动力之源，也是富民之道、公平之计、强国之策。党明确提出实施创新驱动发展战略，将其作为关系国民经济全局紧迫而重大的战略任务。党的十八届五中全会将创新作为五大发展理念之首，进一步指出，坚持创新发展，必须把创新摆在国家发展全局的核心位置，不断推进理论创新、制度创新、科技创新、文化创新等各方面创新，让创新贯穿党和国家一切工作，让创新在全社会蔚然成风。2015 年 6 月，国务院颁布了《国务院关于大力推进大众创业万众创新若干政策措施的意见》（国发〔2015〕32 号），明确指出，推进大众创业、万众创新，是培育和催生经济社会发展新动力的必然选择，是扩大就业、实现富民之道的根本举措，是激发全社会创新潜能和创业活力的有效途径，具有重要的意义。

首先，从综合国力角度上看，创新创业是我国生存和发展的需要，有利于提高我国的综合实力。当前，全球新一轮科技革命和产业变革蓄势待发，我国经济进入速度变化、结构转型和动力转换的关键时期。面对新的形势，我国必须深入推进大众创业、万众创新，着力营造有利于杰出科学家、发明家、技术专家和企业家不断涌现，以及大众创业、万众创新蔚然成风的社会环境和文化氛围，让每一个充满梦想并愿意为之努力的人获得成功，实现经济平稳持续增长、国家强盛、人民富裕和社会公平正义。

其次，从经济转型角度上看，创新创业是坚持创新发展、实施创新驱动发展战略的关键实现途径，有利于推进供给侧结构性改革，促进我国经济发展。大众创业、万众创新，可以大幅增加有效供给，增强微观经济活力，加速新兴产业发展，又可以扩大就业、增加居民收入，还可以促进社会纵向流动和公平正义，是经济发展的引擎。

最后，从个人发展角度上看，创新创业有利于缓解学生就业压力，使其实现个人价值与社会价值。创新创业有利于解决就业难的问题。毕业生通过自主创业，可以把自己的兴趣与职业紧密结合，做自己最感兴趣、最愿意做和最值得做的事情，可在五彩缤纷的社会舞台上大显身手，最大限度地发挥自身才能。同样，创新创业意识和能力的培养也有助于学生不断完善自身的知识和能力结构，更好地完善自我、适应社会，从而实现个人价值与社会价值。

（三）如何提高创新创业能力

1. 构建整体融合的育人机制

高校开展创新创业实践活动，培养学生的创新创业能力，需要构建整体性思维，在育人机制中坚持政治引领、价值引领、文化引领、专业引领相结合，形成整体融合的育人机制。在创新创业教育中，高校可打造学院、教师、平台、团队“四位一体”的创新创业实践服务体系，全方位、全过程地将创新创业教育与德育工作相结合、与实践育人相融合，有效提高学生的创新创业能力，如组织学生参加志愿服务等社会创新实践活动，为他人提供创新创业政策咨询、技术支持、专业培训等，培养学生的“工匠精神”和爱国主义情怀。高校通过营造浓厚的创新创业整体氛围，引导学生在创新创业实践中成长成才。

2. 整合多方互补的优势资源

高校组织开展创新创业劳动实践，需要整合多方资源，实现与政府协同、与企业协同、与社会协同。一是与政府协同，制定创新创业教育相关政策。学校需要与政府紧密联系，依托政府提供的政策优惠、资金扶持等，将创新创业教育与大学生思想政治教育紧密结合。二是与企业协同，关注大学生未来的职业发展。学生创新创业实践活动不能只局限于理论、局限于“象牙塔内”，而需要把握市场动态，了解企业需求。只有与企业展开联系与合作，才能促进创新创业活动与社会融合、与市场融合，从而为创新创业教育提供动态的、持续的资源支持。三是与社会协同，注重与社会实践相结合。学校需要结合专业设置、学生特点等情况，加强与不同地区、社区、乡镇等区域资源的协同，为学生提供创新创业劳动实践的机会，以培养素质高、创新创业能力强、具有国际视野和扎实基础的“又红又专”“顶天立地”的人才。

3. 形成多层递进的教学链条

在创新创业教育中，教学是重要的一环，影响着学生创新创业能力培养的质量。高校在培养学生创新创业能力的过程中，应形成多层递进的教学链条，打通学生、教师、课程、项目之间的关系。一是遵循学生的成长成才规律，打造“基础层—突破层—实战层”的学生成长发展轨迹，多层次、递进式培养学生的创新创业能力。二是发挥教师的引领与指导作用，打造“启蒙型导师—应用型导师—高层次人才导师”的梯度结构，更好地为高水平创新创业人才的培养提供教学支撑。

4. 搭建多阶互促的产学研平台

在社会服务实践中培养学生的创新创业能力，可搭建多阶互促的产学研平台，推动产学研紧密结合。一是构建多层次的创新创业竞赛及服务体系，打造校内外联合的赛事平台，致力于学生创新创业能力的培养。二是形成“N+1+N”一体化的创新创业实践育人平台。第一个“N”是指二级学院创新工作室、大师工作室、教授工作室等，对学生进行创新精神、创业意识和创新创业能力的思维引导教育；“1”是指校内学生创新创业训练与孵化基地；第二个“N”是指协同政府、企业等资源，建立的校外创新创业实践育人平台。三是建设学生创业社团等平台。高校可依托大学生创业社团，为学生提供交流研讨、团队协作以及参与创业实践的机会，培养学生的创新创业能力；可搭建假期创业实践平台，组织创业经验交流会等，帮助学生通过寒暑假的创业实践培养创业意识，积累创业经验，提升创业技能。

第三节　志愿活动实践

一、社区服务

（一）社区服务的含义

1. 定义

社区服务是“以各类社区服务设施为依托，以社区全体居民、驻社区单位为对象，以公共服务、志愿服务、便民利民服务为主要内容，以满足社区居民生活需求、提高社区居民生活质量为目标，党委统一领导、政府主导支持、社会多元参与的服务网络及运行机制”。社区服务是一种自组织、自管理模式，既包括学生社区服务，也包括居民社区公共服务。

2. 特征

①社区服务并非完全具有自发性，而是在有标准、有引导、有政策、有组织的背景下，形成一套科学、完备、系统的社区服务体系。

②社区服务不是一般意义上的服务产业，区别于经营性的社区服务产业。但公益性是否必然排斥商业性？鉴于社区服务模式的多元化，我们需要融合公益性和商业性两种属性，呈现两种属性的不同作用状态，继而实现不同向度的社区治理模式效能。

③社区服务是通过延伸手臂、助人自助，从“赋权增能”和“优势视角”理论出发，进行“社区营造”，进而实现自下而上的差序格局人脉网络的形成，从而形成稳定的自治性组织。

（二）社区服务的内容

1. 社区服务的意义

（1）从宏观层面看

从宏观层面看，一个国家治理体系和治理能力现代化，既要观“全局”，又要聚“细节”，既要“致广大”，又需“尽精微”。特别是在疫情大考面前，各方面、各战线、各领域都能迅速发动起来，与疫区同频共振，这是集中力量办大事的制度优势，更是基层治理，特别是以社区为单位的网格化管理大显身手，迸发出的超强威力。大学生们积极响应、身体力行地参与社区服务工作，从摸排“全覆盖”到聚焦“全方位”再到服务“全天候”，在社区筑起了精准防控的坚强堡垒，让社区服务的互助之光、协作之光照亮了人们内心朴素而深刻的劳动价值。

（2）从中观层面看

从中观层面看，为适应 VUCA 时代（变幻莫测的时代）经济社会发展的外部诉求和满足学生的“全人”教育的内在需要，让青年学生在踏踏实实的劳动中体认新时代、融入新时代、投身新时代，勇于实践、积极探索，高校需积极利用人才培养质量工程建设的契机，与社区服务中心合作，加强联合培养，建设学科实践基地，实施“从改革要质量优势和特色”的策略，积极推动“基于项目的导生制”，使理论教学与社区服务实践活动紧密结合，利用不同专业特色的“小杠杆”撬动社区治理的“大格局”，对学生成长成才提供制度化、个性化、常态化的实践支持和指导，培养知识与能力并重的高素质应用型创新人才，也助力社区公共空间的打造，进而推动社区治理服务的创新。

（3）从微观层面看

从微观层面看，社区是人们生活的基本单元，应以社区服务为切入点，将“社区营造”的理念植入人才培养、教育教学的全过程。通过自我赋能、自我管理、自我迭代，从而形成系统内部自主的“滚动式”学习，逐步形成共同的愿景、共同的目标、共同的行为规范。此外，延伸手臂，贴近实际、贴近生活、贴近学生，聚焦于合作精神和文化氛围的营造，凝聚社区服务意识，培养公共精神，增强学生对社区的归属感，突出学生的主体性作用，激活主体的内生动力，促进校园的和谐稳定，其本质是通过外在社区服务文化环境的营造，使学生拥有一种集“获得、归属、幸福”于一身的深刻内在劳动体验，进一步提高大学生的综合素质。

2. 社区服务的目标

社区秉着“核心＋开放”的工作理念，在保证社群活动原生态、可控制的基础上，又注入了开放多元的包容性元素，在融入结合渗透上下功夫，在落细落小落实上下功夫，打造“小而精、有特色、应用型”的社区服务模式，做到“整体规划、有机更新、模式迭代”，不断地为公共空间创造价值，为美好社区而行动，进而实现“教育资源共享、教育共同体共筑、教育教学活动共联”的目标。

3. 社区服务的建设原则

（1）让组织框架清晰化

社区服务组织中的管理成员角色明晰、分工明确，需草拟《学生社区服务自我管理委员会成立工作实施细则》和《学生社区自管会各岗位简介和工作职责》等规范性文件，以 A、B 岗的形式，既保证服务的正常运行，也促进人才资源的储备。

为了将上述模块化、标准化的指引落地，需强化组织建设。通过设置“社区营造师”，即“五位一体”的教练型导师（辅导员、班主任、思政课教师等）成长模式和教练型学生领袖“五人成长系统”，构筑社区服务文化矩阵的人力支持系统，促进社区服务育人的全面落地，最终达到当社区营造师逐步隐形化时，社区文化活动依旧保持活力的目的，保证社区服务营造的可持续性。

（2）让内容挖掘精细化

瞄准学生在生产劳动、志愿服务、社会实践等方面的成长需求，聚焦大学生内驱力和外驱力两个成长的主动力进行发力，通过线上线下双通道，以社区服务为立足点，打通思想政治教育的“最后一公里”。

运用敏锐的洞察力和转化能力，细分领域、精准对焦，深度挖掘每一个环节、每一领域所蕴含的育人元素和所承载的育人功能，通过社区服务实现“四个营造”，即社区复合型志愿服务综合体的营造、社区全覆盖实践育人氛围的营造、社区浸染式文化“会客厅”的营造、社区抱团式共同体身份认同的营造。

（3）让思政教育可视化

①活动有主题：活动主题需明确，找到聚焦点，形成品牌意识，要关注品牌的角度、影响的广度、专业的深度，即社区服务需立足专业特色，拥有独特的 IP 定位。

②成长看得见：输入＋输出，线上＋线下，双渠道贯通，通过“强输出”

倒逼“强输入”，将劳动实践的成果纳入第二课堂成绩单制度，让社区服务育人的成长轨迹清晰可见，细化指标、量化结果，最终输出学生个人的劳动教育成绩单。

③项目有迭代：通过网络对数据进行采集分析，以“小步快跑、快速迭代”的精益创业的方式进行社区服务活动项目的“验证性”迭代，不断优化过程性设计，形成工作闭环。

④服务有跟踪：在第一批学生体验社区服务项目后，需要有针对性地优化活动环节，增强同理心，从而形成用户黏性，不断提升学生的大局意识、服务意识，扩大社区服务活动的影响力。

⑤成效有报告：每一期活动后形成用户体验调查问卷，并做数据分析，评估社区服务活动的成效，作为基础资料进行完善并归纳存档。

（4）让组织管理企业化

让组织管理企业化就是把有意义的事情做得有意思，让有高度的工作有温度，为有温度的工作想办法。在学生社区服务项目的建设过程中，要让学生既是参与者、实践者，更是受益者。通过学生社区服务活动创新，鼓励和倡导学生在理想和现实的夹缝中身体力行地坚持做某种微小的尝试，不断与周边同学、学院、学校建立某种联系，进而共建一个文化认同、情感链接、服务共享、劳动共筑的“社区服务共同体”。

4. 社区服务活动项目概览

高校应进一步深耕厚植，精细化挖掘服务育人元素，打造一批有意义、有意思的社区品牌服务项目，创办“美好社区节”，构筑“服务＋文化”的青年社区之家。

（1）心灵港湾

开展 Youth 悦读拾光——7 天共读学习圈活动。社区学生志愿者发起“7 天共读”活动，一本好书，一群书友，一种自发的想要改变的强烈意愿，足以让社区文化共读空间成为守护心灵港湾的一方安静的书桌，让理性、平和、静心、启智浸润心田，也让一对多、多层次、可持续的思政教育成为可能。

（2）艺起青春

社区大舞台，有梦你就来——定期举办社区文艺秀小剧场，给学生提供才艺展示平台，并链接社区居民，加入剧场演出，构建一个共享、共创的社区大舞台。

（3）勤劳改造家

学生社区举办寝室照片墙活动，营造书香宿舍氛围；社区开启“美好行动”的千人大扫除“快闪”活动；跳蚤市场，旧物交换，设置“亲子摊位”进行玩具和闲置物品的分享。

（4）社区火种节

社区可以通过模拟创业过程，激发学生创新精神、创新理念的培养，鼓励学生发现不可能，积极与身边的资源、机会互动，学会在不确定的风险社会中顺势而为，点亮心中的火种；还可以通过“创业早餐会”“梦想加速营”“小小科学家”“创新小玩意儿”等进阶版创业体验活动，让社区儿童切身体验创新的乐趣，激活创新创业因子，形成浓厚的创新创业文化氛围。

（5）社区微志愿

社区可以链接校友资源，推动社会创新，通过发起社区小而美的微志愿、微环保活动，创新社会志愿服务呈现方式，引领互助、共享新风尚。

（6）社区学苑

社区可精准对接文化需求，定期举办灵活多样的“专业性＋通识性”的滚动式学术沙龙、文化讲堂、健康知识普及等活动，提升学生的知识迁移能力。

（7）专业特色活动

如法学院利用形象生动的案例，采用单口相声方式，创办形式多样的线上“行走的法律‘微’课堂”和线下法律诊所；艺术设计学院设计社区文化长廊，营造浓郁的文化氛围；环境学院科学倡导垃圾分类；建筑学院致力于旧区改造；外国语学院举办社区英语角；师范生进行“朋辈小课堂”学业辅导、亲子关系构建等，让专业转化为能力，让能力提升为素质，进一步吸引青年群体参与社区善治，丰富辖区群众的精神文化生活，缓和社区矛盾，激活社区的内在活力。

二、公益宣传

公益宣传，是高校宣传思想工作的一项重要内容，是“知行思”有效贯通的载体，也是实践育人导向下的有效输出路径。《国家中长期教育改革和发展规划纲要（2010—2020年）》要求“鼓励学生积极参与志愿服务和公益事业”。《中长期青年发展规划（2016—2025）》明确“鼓励青年参与社会公共服务和社会公益事业”。

鼓励学生积极参与力所能及的志愿服务和公益事业，事关党对高校的领导，事关全面贯彻党的劳动教育方针，要做到规范化统筹、品牌化培育、常态化宣传、项目化管理、信息化运作，这对于巩固共同的思想道德基础具有重大而深远的意义。

（一）大学生公益活动的基本释意与发展脉络

大学生公益活动是指大学生自愿参与或组织的，以助益社会、服务他人、增进福祉为目的的公益行为。大学生公益行为取向则包括对社会公益活动的认知和理解、对社会公益性质的判断和诉求的生成，以及产生的行为成效。同时，公益愿景、制度激励和自我禀赋、公益精神和人文素养、社会主义核心价值观认知都会对大学生公益行为有着较复杂的影响。回溯公益宣传的演进史发现，高校公益活动研究起步较晚，自 2008 年汶川地震后，逐步开启了公益宣传的转型之路。公益宣传与劳动教育和社会实践相结合，与工学一体的工作机制建构相结合，与高校思想政治教育的功能走向相结合等，公益宣传与不同的领域、背景、旨趣从浅表化吻合到深度化融合，并出现“非政治公共领域”多元素交融、演进与派生的新动向，这是社会传播学的理论逻辑、发展转型期中国公益宣传的实践逻辑、经济社会发展形态嬗变的历史逻辑和宣传纪录片的媒介逻辑的多重因素推动的结果。

（二）大学生公益宣传的基本向度

1. 理论建构向度

赋权增能理论：赋权增能是一个双向互动概念，我们在给同伴赋能的同时，自己也在增能，这就是一个正向循环，即公益宣传的最佳平衡状态是公益宣传者与受众双向成长。在公益宣传中，不仅个人能动性可得到最大限度的发挥，在多主体参与协作的场景下，还可最大限度地保证公益宣传活动的活力。

优势视角理论：公益宣传活动是一个有机体，和“人”的因素有很大的关联性，有其自然的公益文化生态发展路径、脉络。公益宣传活动要做的就是“剪枝修苗”，通过自律和他律的紧密结合，通过一个紧密的公益宣传共同体氛围的营造，让学生将自身潜在的活力迸发出来，逐步形成公益活动的原动力，从而增强学生对自身的认同、对公益宣传的认同和对美好生活的向往。

2. 价值认同向度

价值是客体之于主体的效应体现，故需要将公益宣传置于主客体的双向互动中，才能科学理解理论指导下实践的价值走向。根据社区治理研究可知，中国是个“能人社会”，需要透过“能人”关系网的动员、激励，形成核心凝聚力，树立良好的社会正向示范效应。在此背景下，高校通过教育引导，触发更多特色公益行动，对项目活动进行外在化的总结呈现，就会产生宣传、推广的辐射效应，进而产生公益实施主体的“能人效应”，吸引更多同学参与到公益志愿服务活动中，实现正向价值认同的传导。

3. 行动规则向度

公益宣传需要以行动为取向，其中蕴含的规则就像一根线，串起每一位致力于公益宣传创新的个体，个体在规则的边界中不断地与资源、人脉进行互动，进而形成一个稳固的社区公益文化共同体，通过公益动员，不断辐射带动更多同学，使其用最积极的心态、最有力的行动参与到社会公益事业中，用直抵人心的公益力量带给我们心灵的滋养，这份善意和勇气，足以让我们拥抱生活的意外和惊喜。

（三）加强和改进劳动教育背景下公益宣传工作的主要任务

1. 坚定理想信念

通过公益宣传，我们可以更好地了解国情，以踏踏实实的劳动、公益助人的氛围，传递出热爱劳动、热爱生活的态度，不断激发广大青年学生积极投身公益宣传事业的巨大热情，把爱国情、强国志、报国行融入脚踏实地的奋斗当中，凝聚起同心共筑中国梦的强大精神力量。

2. 壮大主流思想舆论

公益宣传作为高校宣传思想工作的一项重要内容，肩负着学习宣传马克思主义，培育和弘扬社会主义核心价值观的重要任务，对于加强高校意识形态阵地建设，牢牢把握高校意识形态工作的话语权具有重大意义。高校应通过管好导向、管好阵地、管好队伍，不断做大做强正面宣传，帮助学生树立正确的国家观、民族观、历史观、文化观，学会用马克思主义的立场、观点、方法审视问题，增强明辨是非的能力。

3. 推动文化的传承创新

建设具有当代特色、体现时代需求的公益文化，培育和弘扬公益精神，打造既有理论高度，又有实践温度的公益宣传文创产品，以公益宣传“进教材、进课堂、进头脑”为主线，通过形式多样的媒介推广和活动宣讲，把高校建设成公益文化宣传的示范区和辐射源，不断增强高校的文化软实力。

4. 立足学生全面发展

“五育”并举的实现，不仅仅靠课堂专业知识的学习，更需要将所学、所知、所得投入鲜活的社会公益实践中。缺乏扎实的专业基础，公益宣传就缺少了持续发展的驱动力；反之，缺乏公益宣传的实践出口，理论学习就无法实现内化。公益宣传将“脑力、眼力、笔力、脚力”融为一体，需要态度，更需要温度。

（四）劳动教育与公益宣传相结合的发展路径

1. 健全劳动实践组织

随着高等教育的发展，劳动教育和公益宣传的结合需优化外部供给，增强优质供给力，公益宣传活动需从单一、固化、局部等初级要素向知识、技术、数据、管理服务水平等高级要素迭代升级。高校可建立专兼结合、以专为主的劳动实践组织体，聘请专家学者、全国劳模、大国工匠等兼任外聘专家，造就一支政治坚定、学养深厚、有重要影响的劳动实践育人导师团，并通过一定的激励机制、考核机制、评聘机制，保持队伍的相对稳定；借鉴国外工作经验，打造公益宣传的真实化场景等，确保公益宣传“线下”有内容，“线上”有灵魂，全员“全覆盖”，做到从学生中来，到学生中去，让每一名学生都能树立“劳动最光荣”的观念，树立“自己的事情自己做，他人的事情帮着做，公益的事情争着做”的意识，学习劳动技能、养成劳动习惯、热爱劳动人们，在公益宣传的劳动中感受快乐、体悟人生、磨炼意志。

2. 创新劳动发展模式

（1）以劳动为导向的优势发展模式

当代青年处在具有易变性、不确定性、复杂性、模糊性特征的“VOCA”时代，当代大学生是新技术的拥趸，劳动教育也需乘着技术红利的东风，借力打力、借势成势，激活内在基因，善于把握契机，构建公益宣传新生态。具体如：聚焦参与者的个人需求，赋予其更多自我实现的可能性，将宣传工作的传统优势与互联网等新兴载体相链接，以跳出传统的宣传工作套路，从内容、形式、载体、方法等方面因时而化、因事而新，并因势利导，善于与周边的环境、资源进行积极互动，协助公益活动对象目标达成，实现双主体的进步和成长。

（2）以关系为纽带的带动发展模式

基于对大学生公益宣传行为动机相关要素的考察分析，公益宣传行为是在一定的公益活动认知、内部需求、合理归因、外在呈现等多重因素的激发下产生的策略选择，这种选择必然存在于一个相对完整的生态系统。比如公益宣传组可形成临时党支部，以支部为核心，以普通学生为主体；以形式创新谋发展，以共创共享促和谐；以对象接受的多元性为突破口，打造“公益+”网络宣传e平台；以关照人的内在需要为切入点，实现三变，即公益宣传参与群体由“加法”变“乘法”，发展模式由“发散”变“聚合”，运行方式由“封闭”变“共享”，通过多样化、新颖化的呈现，强化大学生公益理念和价值观的存留度。

（3）以成果为导向的撬动发展模式

随着社交碎片化、新闻视频化、信息精微化和个性定制化的外部环境发展，劳动教育和公益宣传的结合点需以成果为“定”向，并在“做准对象化分析、做精分众化研究、做细对策性建议”上落细、落小、落实。这里的“定”是指公益宣传的成果可能是有形和无形的兼具，但是确定的、客观的、具象化的、不以人的意志为转移的。通过文献检索、实践调查、数据分析等，可以设计符合劳动教育和公益宣传特点的成果评价方式，对实施效果进行多维评价，以综合性的定性分析修正、完善定量决策，实现公益宣传的价值撬动。

3. 构建劳动实践路径

（1）观念育人的路径

观念育人是构建劳动实践路径的基础和前提。有了社会主义核心价值观这把总钥匙，就可以在正误、主次、真假、善恶中做出正确的价值判断和价值选择。在公益宣传过程中，坚持育人导向，突出价值观引领；全面统筹各领域、各方面、各环节的育人资源和育人力量，培育公益精神，实行“全人”教育，推动知识传授、能力培养与理想信念、价值理念、道德观念的有机融合，建立系统化观念育人长效机制。

（2）实践育人的路径

“格物致知”来源于《礼记·大学》，意思是“推究事物的原理法则而总结为理性知识”。这个推究、考察的过程就深刻体现了实践育人的观念。公益宣传与公益服务、社会实践活动所蕴含的精神内核是一致的，都体现了理论教育和实践养成的结合。通过整合公益活动资源，强化项目式管理，搭建多元化传播平台，不断完善支持机制，可教育引导学生在公益宣传项目的亲身实践中，树立家国情怀。

（3）服务育人的路径

在公益宣传活动中，要把握对象化的发展需要，不断增强服务育人的供给力，强化公益文化的理解力、感悟力，强化服务对象的同理心，提供精准化的靶向服务。同时，只有扎根社区、深度挖掘、体验式学习，才能为深度服务提供有效的条件保障。只有在深度接触和实践的基础上才能掌握一手资料，进一步缩短二者间的心理距离，积极帮助解决能力范围内的合理诉求，为公益宣传提供鲜活的素材。

第七章　新时代大学生劳动教育的策略

本章立足于时代发展，分析大学生劳动教育的策略，以促进学生培养新时代劳动精神与创新精神，增强公共服务意识。

第一节　劳动教育融入“三全育人”理念

随着教育教学改革的深入，劳动教育已成为新时代人才培养体系中的重要部分，在学生中积极弘扬“劳动精神”，引导学生明白“崇尚劳动、尊重劳动”的道理，帮助学生树立“劳动最光荣、劳动最崇高、劳动最伟大、劳动最美丽”的劳动意识，培养“德智体美劳”全面发展的社会主义建设者和接班人。高校要落实全国教育大会精神，把劳动教育融入思想道德教育、文化知识教育、社会实践各环节。本节从“三全育人”出发，探索高校如何把劳动教育融入人才培养的各环节，培养高校学生通过自身劳动实践，提高技术技能的能力，对推动高校培养德智体美劳全面发展的大学生目标的实现具有重要的现实意义。

一、“三全育人”的理念

“三全育人”是指全员育人、全过程育人、全方位育人。对于高校大学生劳动教育工作而言，全员育人，是指高校全体教职工强化劳动育人意识和责任担当，自觉在本职工作中帮助大学生树立正确的劳动价值观；全过程育人，是指高校将劳动教育贯穿学生入学到毕业的整个过程，形成长时段、持续性的劳动育人机制；全方位育人，是指从校内与校外、课内与课外、线上与线下多个维度融入劳动教育，构筑多维并进、互补互动、综合融通的教育格局。

二、劳动教育融入"三全育人"理念的途径

（一）在理念变革、课程改革、协作运行中凸显全员育人之效

高校要发挥好劳动教育实践育人的资源优势，立足学校人才培养目标，坚持高校全员协同育人，统筹劳动教育人力资源，形成育人合力，推动劳动教育。首先，思想政治理论课教师在对劳动教育的引导和传承中应当走在前列。思政课教师既要加强对马克思主义劳动价值观的解读，还要结合新时代的实际表征加强创新劳动的激发引导；通过创新思政课实践教学方式，对劳动实践课程进行趣味化和生活化的设计，使学生在实践中加强对劳动的情感认同，促进劳动实践习惯的养成。

其次，专业课教师深入挖掘专业课程中蕴含的劳动教育的课程元素，将劳动教育有机融入专业教育，真正实现专业课从"闭环"走向"开环"。专业课程的实习实训、专业实践服务等都是提升学生劳动素养的重要途径。通过课程融合与专业契合，高校可全力实现劳动教育的全覆盖，为形成具有时代性、实践性、针对性的劳动教育课程体系奠定基础。

最后，辅导员和班主任作为思想政治工作战线中重要的人力资源，应根据人才培养目标，将更新大学生劳动理念、推动创新型劳动发展作为着力点，在大学生日常学习和生活中渗透劳动教育，在主题团日活动、班会、志愿服务、勤工俭学等主题实践中嵌入劳动教育，引导大学生将所学的专业知识应用到实际生活，在实践中感悟劳动价值。

（二）在内容设置、体制构建、管理服务中彰显全程育人之力

教育部印发了《大中小学劳动教育指导纲要（试行）》（以下简称《指导纲要》），这是教育部贯彻落实《中共中央国务院关于全面加强新时代大中小学劳动教育的意见》的配套文件，专业指导学校进一步明确劳动教育是什么、教什么、怎么教等一系列重点问题。《指导纲要》对劳动教育的目标内容做了细化，进一步明确了劳动教育的途径，包括独立开设劳动教育必修课、在学科专业中有机渗透劳动教育、在课外活动中安排劳动实践、在校园文化建设中强化劳动文化四个方面。

《指导纲要》要求各级各类学校将劳动教育纳入人才培养全过程，贯通大中小学各学段，贯穿家庭、学校、社会各方面，全面加强劳动教育与德育、智育、体育、美育的有机融合，努力培养和造就新时代中国特色社会主义建设者和接班人。《指导纲要》为新时代高校劳动教育注入了新内涵，高校要将劳动

教育贯穿高等教育全过程，需要整体协同推进，构建体制机制。具体而言，在体制机制方面，着重构建完善的课程体系和评价体系，开设必要的劳动教育类公共必修或选修课等“劳动+”教育类学科。如高校低年级学生可通过勤工俭学、实训操作等培养动手能力及劳动意识；中年级学生通过专业服务、社会实践等培养诚实劳动、踏实肯干的劳动修为；高年级学生可以结合实习、培训等积累职业经验，塑造劳动奉献精神和奋斗品质。

在管理服务方面，高校进一步强化管理育人与服务育人，双维度保障劳动教育育人功能的发挥；统筹管理与服务部门，明确相关部门的工作职责，统一规划部署劳动育人工作范畴，合理创设管理与服务岗位，形成全校师生员工共同参与的劳动教育格局。每一位高校工作者和学习者，都要在组织管理和自我管理中使每一个工作环节和每一个学习环节尽力呈现劳动教育带来的裨益。在组织管理中，在教育评价上，对学生进行一生一周的劳动教育纳入学分管理，形成新时代大学生成长成才的重要举措。在自我管理方面，大学生将自我劳动和自我服务中体悟的劳动精神常态化，努力打造知行合一、身体力行的新样态，不断促进自身劳动素质的养成。

（二）在家校社携手、多维联动、同向同行中促成全方位育人之尚

劳动教育是一堂“行走课堂”，通过将家庭、学校、社会“三个营地”联动协同，挖掘“资源图谱”，形成家校联动、校社互联的“劳动育人共同体”，合力提高“劳动+教育”的共振性，将劳动与职场素养、创新创业、核心素养等有机结合，激发当代大学生主动参与劳动的动机，促进大学生在服务人民、奉献社会的实践中实现人生价值。

具体而言，家庭方面要注重发挥基础作用，积极倡导自身在劳动教育中的重要作用；父母要以身作则，树立崇尚劳动的良好家风，引导子女开展劳动、动手动脑，发挥家长委员会的作用，在家校互动中了解活动类型，配合完成劳动实践教育。

学校方面要发挥主导作用，开设劳动教育特色课程，不断深化产教融合，与行业骨干企业、中小微企业紧密协同，协作建设劳动实践基地，扩大场域共享，使学生在校内校外、企业内、行业外都能劳有所感、劳有所获。

社会方面要积极发挥支持作用，协调利用各方面资源，将基地建设、制度保障、宣传教育等工作贯穿始终，建立常态化劳动教育基地，为学校劳动教育实践提供支持；集全社会之力，以劳动教育树时代新人，这是“三全育人”的重要一环，也是高校劳动教育路径的崭新开拓。

三、劳动教育融入“三全育人”理念的策略

高校培养的是高素质技术技能型人才，秉持“三全育人”的内涵要求。高校应当积极营造劳动育人氛围，构建精神传承、形式创新的劳动育人体系，常态化开展劳动育人实践工作。

（一）坚持全员育人，强化劳动教育理念

全员既包括高校辅导员、班主任等专兼职劳动教育工作队伍，也包括其他学科专业教师和各级各类职能部门的行政人员乃至教辅人员、后勤服务人员等。育人者必先育己，立己者方能育人。高校教职工不仅要“传道、授业、解惑”，还要切实做到“行为世范”，通过言传身教，为学生树立标杆。劳动教育师资队伍在整个劳动教育内容的研发、组织和实施过程中，发挥着主导作用，如分析学生在不同阶段劳动教育的重点，深入推进课程教学、实训管理、保障支撑等方面的进程，同时还需要围绕专业特色、地域特点、行业需求开展劳动教育理论课题研究和实践探索，在理论课程中融入劳动价值观的培养，在专业实训实操中深化劳动技能和职业精神的培养，引发学生思考和重视劳动的价值。

（二）坚持全过程育人，完善劳动教育制度体系

1. 重视大学生入学阶段的劳动教育

入学教育时，学校要做好思想上的铺垫，强调树立正确劳动价值观以及劳动教育的重要性和必要性，可以对劳动教育人才培养方案进行宣讲，主要目的是让新生全面了解劳动教育的培养目标、课程设置、教学组织安排以及劳动教育的考核评价体系，帮助学生充分了解劳动教育的时代内涵及意义，激发学生的学习兴趣，增强其学习自觉性，为形成良好的学风打好基础。

2. 加强大学生在校学习期间的劳动教育

课堂是教育教学活动的主阵地，开展劳动教育除了开设专门的劳动教育课程，还要梳理各学科中所蕴含的劳动知识和劳动教育功能，实现劳动教育与其他学科知识体系的有机融合。如思想政治教育与劳动教育的整合，以德育增强认识，实现德育与劳育协同育人；专业课与劳动教育的整合，根据不同专业的学科特色，充分挖掘劳动教育的元素，有针对性地引领青年学生提升劳动素养。高校还需分析大学生在不同年级阶段的劳动教育重点，在课程教学、实训管理、团队建设、保障支撑等方面深入推进劳动教育，从而营造全程育人的环境氛围，将劳动教育贯穿育人全过程。

同时，高校可结合校园文化建设，开展与劳动教育有关的多样化的课外活动，如征文演讲比赛、“文明寝室评比”、劳动技能竞赛等，使学生亲身体验劳动，感悟劳动的意义；还可以利用宣传标语、校园广播、微信公众号等传播载体，或者召开劳动模范和先进人物的报告会、分享会和学习会，做好对劳动模范、工匠精神的宣传工作，通过一系列切实有效的措施营造崇尚和尊重劳动的良好氛围，这对大学生形成正确的劳动意识、提升劳动素养具有重要的作用。

3. 深化大学生毕业前夕的劳动教育

在大学的最后阶段，高校可在职业辅导、就业指导等课程中融入劳动精神和劳动知识，给予大学生适当引导，让他们正视自身劳动技能的优点和缺点，找到合适的工作岗位，为今后的学习和就业奠定基础。另外，高校还可以把毕业实习、实训与劳动教育的内容充分结合，在强化专业知识和专业技能中培养大学生的劳动素养；重视创新创业教育活动的开展，坚持强基础、搭平台、重引导的原则，构建创新创业实践导向体系，培养学生的创新精神与实践能力；积极开展社会实践和志愿服务等相关活动，引导大学生深入社会、走进基层，在体验劳动、服务社会的过程中，提高生产生活技能，培养艰苦奋斗的优良品质。

（三）坚持全方位育人，构建家校社“三位一体”的劳动教育格局

劳动教育的施教主体是学校，但家庭教育、社会教育也不可或缺，只有三个维度各司其职、各尽所能，又协同配合、优势互补，才能真正加强大学生对劳动精神的认识，促进大学生劳动实践技能的养成。

1. 重视家庭中的劳动训练

家庭中的劳动训练是整个劳动教育体系的第一阶段，家庭教育对学生的劳动情感以及价值观等的培养影响深远。一方面，家长要在孩子的成长过程中，用身边鲜活的劳动典范对孩子进行教育，还要创造各种有利条件，安排与他们年龄特点和身心发展水平相适应的劳动任务，让学生从小树立“劳动最光荣”的正确观念；另一方面，家长也要以身作则，爱岗敬业，热爱劳动，营造优质的劳动教育氛围，发挥好榜样作用，通过潜移默化的熏陶使子女形成勤劳的品质和良好的劳动习惯。

2. 发挥学校劳动教育的主阵地作用

要充分发挥劳动教育的主阵地作用，高校除了综合采用课堂授课、专题讲座、校园文化培育等多种形式开展劳动教育，还可以着手启动线上课程，注重

利用网络教学平台等信息技术，拓展劳动教育的方式方法，提升劳动教育的质量；同时，打造线上与线下相结合的模式，结合专业特色，参照市场和用人单位对人才的需求，融合校内外各类优质活动资源，为学生发展提供支持，引导学生在多平台活动中增强自身的劳动意识、强化劳动责任感，进而提升职业技能，如会计专业的学生可到当地税务局或会计师事务所实习，在实际工作岗位实践锻炼，立足本职，培养吃苦耐劳、知行合一等优秀品德及责任担当意识。

3. 做好社会劳动实践资源的开发

社会实践是开展大学生素质教育的重要环节。高校除了宣传劳动精神、工匠精神和现实生活中劳动模范的先进事迹，增强学生对劳动和劳动者的感性认识，还要做好社会劳动实践资源的开发，引导大学生参加各类公益性劳动。但在开展活动的过程中要注重教育者的正确引导，切实发挥劳动教育的教化功能，使大学生在公益活动中提高思想认识和劳动素质，进而服务社会、报效国家。“三全育人”理念下，高校实施劳动教育要以生为本，突出问题导向，寻找科学可行的实施路径，为培养德智体美劳全面发展的技能型人才奠定坚实的基础。

第二节　劳动教育融入“立德树人”理念

一、“立德树人”理念下劳动精神融入高校教育

（一）高校教育中培养劳动精神的意义

1. 培养劳动精神是思想品德教育的有效形式

在党和政府的正确领导下，高校的思想品德教育形式多样、内容丰富、成效明显。思想品德教育工作是我国高校教育工作中十分重要的一个环节。“素质教育的施行，有必要在所有教育活动的环节之中，实现美、体、智、德等方面的有机统一。”从学校教育方面来看，其不仅需把握好智育方面，更需对德育加以关注，同时也需要强化体育教育、社会实践，以便各方教育能够相互协调、互为渗透，使得学生得以实现健康、全方位发展。

2. 培养劳动精神是学生健康成长的内在需要

在劳动的基础之上，人类令世界得以改变，并创造了所有的美好生活。现在的大学生，大部分都生活在安逸和舒适的环境中，对用双手创造价值并不看重，认为获得的一切理所当然。在高校教育中进行劳动精神的培养可以培养学

生吃苦耐劳、乐于创造、理解他人、自我管理和热爱劳动的品格，利于学生的健康成长。

3. 培养劳动精神是实现教育目标的主要路径

高校的培养目标是培养适应区域经济发展需要和满足行业发展需求，掌握专业知识、方法和技能，有良好的综合素质和较强的创新创业能力，能够适应职业岗位的高素质技术技能型专门人才。这就决定了高校教育是以培养能力为主的教育，在这过程中，将劳动精神融入高校教育，使学生通过自身劳动锻炼，提高操作和动手的技能，能更好地辅助教育目标的实现。

4. 培养劳动精神是学生成才进入社会的必然准备

党的十九大提出，要对创新、技能、知识型劳动者大军进行构建，弘扬工匠、劳模精神，由此形成良好的敬业风气、社会风尚，并将全新任务、使命等赋予教育现代化。随着日常生活、工作中人工智能设备、技术等的大范围运用，机器已经取代了诸多劳动项目，传统劳动教育遭受人工智能的冲击。虽然人工智能科技水平较高，但取代不了劳动等形成的创造性。高校应培养学生的劳动精神，激发其潜能，使其在步入社会前具备科学的劳动观念和熟练的技能，打造工匠精神。

5. 培养劳动精神是感恩意识培养的重要方式

现在进入高校的学生大多都是“00 后”，他们有着这一代年轻人的个性特点和生活方式，享受着高速发展的社会和经济带来的便利和丰富的物质文化生活，学校提供了优越的教学生活场所，父母提供了充足的经济后盾。当然，较为贫困的学生也享受了国家奖助学金和各种助学贷款。但在学校学习的过程中，我们看到不少学生没有意识到在享有这样的资源和资助的同时，是需要对国家、社会、学校和家庭感恩的，恰恰相反，他们觉得理所应当。这就是由于劳动精神培养缺失造成的，他们没有意识到这一切都是大量的劳动所创造的，没有对劳动的敬畏感和感恩之心。感恩既在于心，更在于行，学会劳动，也是感恩意识培养的重要方式。

（二）“立德树人”理念下劳动精神培养存在的问题及主要原因

高校在育人过程中，对思想品德的培养十分重视，但注重德智体美发展的同时，往往忽略了劳动在教育过程中的意义，存在着较为突出的问题，具体如下。

1. 高校教育中劳动精神培养存在的问题

（1）劳动教育课程没有融入高校教育体系

高校所有专业的人才培养方案的课程设计中，几乎不涉及劳动课程的安排，都是公共课、思政课、专业基础课和职业技能课程等。这就阻碍了劳动精神的培养。

（2）社会实践活动中劳动教育缺失

在高校学生的思政课程中，会有对劳动的重要性的讲解，但只是停留在理论的讲授和意识的输送层面，没有劳动实践的安排，对学生思想道德素质的提高帮助不大。在专业课程的社会实践锻炼中，学校提供了环境较为舒适的实践场所，没有安排专门的劳动实践环节，学生劳动意识缺乏。

（3）相关师资队伍和配套管理制度不健全

高校的教育体系中，没有专门的劳动教育教师，如有安排，也以兼职的教师为主。

因为缺乏具体的实践及完善的培训环节，缺乏系统的教学体系设计和安排，教师也不了解在劳动教育过程中如何避免完全说教式的教学方案，所以效果无法达到。高校未配套管理制度、未提出具体的要求和考核机制，劳动精神的教育无法落地。

（4）劳动精神培养没有融入学生日常管理中

在学生的日常管理过程中，学校更注重安全、心理及日常的管理工作，虽设立了勤工助学的岗位，为贫困学生提供了劳动创造价值的机会，但毕竟参与的面比较窄，没有全面铺开。

学生的劳动精神的培养并未与日常管理相结合，既无要求也无管理办法，学生甚至对劳动的行为流露不屑，这会对学生进入社会造成消极的影响。

2. 高校教育中劳动精神培养存在问题的原因分析

（1）高校对劳动精神培养认识不足

高校的育人目标是培养具有技能的高素质人才，在人才培养过程中注重知识、技能和职业素质的培育，忽视了劳动在个人对社会责任的付出中起到的作用，没有意识到劳动精神在人才培养中的作用和影响。宋庆龄女士曾经表示，知识往往来自劳动，所有成就的取得，均为辛勤劳动的结晶。若并未在高校教育体系中纳入劳动教育，就意味对其重视程度远远低于对知识和技能教育的重视程度，但其实脑力劳动本身也是劳动的一种形式，只有付出劳动，学生们才会意识到美好生活来之不易。

（2）实践教育与劳动精神培养结合不紧密

实践教育虽然也会培养学生动手和操作的技能，但是学生也存在“等靠要”等懒惰的思想情绪和行为。高校在实践课程的设计和安排中，并没有将劳动精神、技能和观念相结合引导学生参与更多的实践，轻实践重理论，学生没有通过动手和操作培养与社会价值相结合的能力与素质。

（3）高校教育中劳动精神培养未形成有效的合力

当今高校都努力打造“星级学校”，在教学楼、学生宿舍、食堂和文体场所，投入大量的财力、物力和人力，努力达到一站式的服务标准。宿舍有空调洗衣机，教学楼有电梯，文体馆有完善的设备，图书馆环境舒适，清洁卫生有物业人员负责，学生的劳动意识就逐渐淡化甚至丧失。高校学生由于心态不成熟，自理和自控能力较弱，这些完善的设施可能会造成学生惰性的养成。

（4）高校学生自身因素的影响

劳动精神是习近平总书记系列重要讲话精神特别是关于工人阶级重要论述的组成部分。

劳动精神是对广大劳动者劳动实践的高度肯定与科学总结，劳动精神是对马克思主义劳动价值论、劳动观的丰富和发展。劳动精神即社会主义核心价值观应有之义，需要与工匠精神、劳模精神互为包容。不管是农村，还是城市地区的高校学生，都存在劳动意识淡薄的现象，其对劳动、对劳动者、对劳动行为不尊重，甚至蔑视；在择业时，也是以“少劳多得”作为择业目标，这也是不爱劳动的表现。

（三）“立德树人”理念下劳动精神融入高校教育的途径

教育家马卡连柯说过：“劳动永远是人类生活的基础，是创造人类文化幸福的基础。”

通过以上劳动精神在高校教育中存在的问题，结合高校教育人才培养和教学体系设计的特点，笔者对在“立德树人”理念下劳动精神融入高校教育的实现途径进行了四个方面的思考，尝试在高校中将劳动精神纳入教学体系建设、学生日常管理、感恩教育及家庭教育中，使高校学生能通过自己的努力创造属于自己的幸福生活。

1. 将劳动精神培养纳入教学体系建设中

（1）在各专业教学中开设劳动课程

高校可在人才培养方案中，探索增加劳动课程，并给予一定的课时及学分；采用理论课与实践课相结合的灵活的教学和考核方式，利用课后、周末或者假期等时间，安排劳动实践，促进学生在劳动过程中认识了解自身的不足，体会劳动和生活的不易，实现教学目标。

（2）在思政教育中将劳动精神培养作为考核指标之一

思政课程是高校教育体系中至关重要的一个环节，思政课的授课教师也不断研究如何将枯燥的内容以更为灵活及与时俱进的方式进行讲授及考核。如果单纯将劳动教育纳入思政教育和考核，会不容易被学生所接受，可以制定考核项目和标准，定岗、定人和定责任，将劳动成绩和最终的思政成绩结合，提高教学和育人质量。

（3）在社会实践中融入劳动精神培养

社会实践课占据着高校教育教学体系中大量的课时，有时甚至超过了 50% 以上。教师关注学生技能的掌握，企业关注学生带来的人力资源，却忽略了劳动精神的培养。在实践环节，采用现在正在部分高校试点的现代学徒制的传帮带方式，无疑是一种新的尝试。师傅带徒弟，师傅将精益求精的工匠精神和一丝不苟的敬业态度，在工作中手手相传，可以端正学生的劳动态度和培养其积极的劳动精神。

（4）加强相关师资队伍建设

师资队伍的建设是培养劳动精神不可或缺的一部分，校内教师通过培训、企业实践锻炼等方式，提高自身对劳动精神的敬畏，在教学各环节进行劳动意识和劳动精神的传递。企业的能工巧匠也是师资队伍的组成部分，在实践和实习的环节也会对学生形成影响。

2. 将劳动精神培养融入学生日常管理工作中

（1）班级和宿舍管理中设立劳动岗位

劳动是一项身心相结合的活动，对学生的社交能力、互相协作能力、团队精神的培养有促进作用。高校学生大部分时间是在教学场所和宿舍中活动的，在教学场所，可以安排定期的值日生进行教室和实训室的日常管理、卫生清洁；在宿舍内也安排值日生，负责宿舍的卫生及美化，打造和谐居住和生活的环境，培养学生的劳动意识。

（2）定期安排校内外劳动实践活动

有条件的学校，可以在学校内建设劳动基地，如没有条件，可就近联系工厂或者农场，有组织地安排学生进行生产劳作，同时，可利用寒暑假，要求学生进行一定时间的实习锻炼，并提交相应的劳动实践报告，将劳动活动与专业的校内外实践、实习结合，并附以一定的学分，纳入考核范畴。

（3）加强日常管理制度建设

高校从上至下，从领导到一般教师都要有培养劳动精神的意识，这样才能通力协作，将劳动意识的养成融入人才培养中。制度建设和多方位的宣传就成为保障和落实的关键。在管理过程中，高校可将校内外实践、顶岗劳动、宿舍劳动岗位设立、校园服务和社区服务等都形成规矩和要求，最好以课时或者学分的形式纳入教学和育人体系。

3. 将劳动精神培养与感恩教育相结合

（1）探索勤工助学岗位的管理考核方式

勤工助学岗位的设立是为了帮助有困难的学生自立自强，参与到勤工助学岗位的学生都在用自己的劳动创造价值，回馈家庭和社会的关爱。但是在管理和实践的过程中，完成工作的质量和效率无人考核，似乎做多做少都一样，无法互相督促和考核。高校可以在勤工助学岗位中探索“能上能下”、按劳动和工作完成的质量好坏及效率高低计酬的方式，使自强和自律的学生用努力的劳动完成工作，赚取报酬。

（2）探索劳动精神与感恩意识的培养方式

高校虽然培养的是高素质的技能人才，但是教育的出发点无论什么层次都是以“成人”为根本的，感恩教育在任何时代背景下都不过时。感恩教育是一项系统工作，离不开社会、家庭和学校的合作。在学校期间，学生通过课堂的学习、教师的灌输来增强感恩意识的可能性小，但学生在学校的时间也比较长，在日常生活、学习中，可通过劳动实践，身心接纳劳动精神，接受劳动教育和行为，热爱劳动，感恩所有获得的一切，珍惜身边人和事，增强责任意识，常怀感恩之心。

4. 将劳动精神培养渗透到家庭教育和社会意识中

（1）争取家长的理解和支持

家长是孩子最好的老师，劳动精神的培养实际上应当从家庭教育抓起。家长在家里言传身教，日常的劳动主动让孩子参与，安排力所能及的劳动活动，家长不能包办孩子的全部生活琐事，引导他们多动脑、多动手，凡事需要靠自己的努力才有收获，培养孩子的独立能力和劳动意识。学校再多的教育都不及家长的日常培养，只有家长意识到劳动的重要性，积极配合学校教育，方可事半功倍。

（2）争取社会的认同和配合

企业在接纳学生实习和就业的过程中，也应该加强劳动意识的塑造和考核，积极与学校探索在校期间培养学生劳动能力和意识的渠道和方式，最终为企业输送更多优秀的人才。社会应当积极营造一种“劳动光荣”的舆论导向，通过各种渠道宣传劳模精神和工匠精神。

二、劳动教育融入“立德树人”理念的策略

高校必须完善劳动教育制度，精心设计相关教育内容和评价体系，拓宽劳动教育实践路径，发挥劳动教育在“立德树人”中的综合价值。

（一）积极构建多元化的劳动教育体系

1. 课程劳育：第一课堂有温度

在劳动教育的课堂中要以学生为本，开展内容丰富、形式多样的课程教学，提高学生学习的兴趣度和主观能动性，如可以邀请当地劳模讲述精彩故事、开拓校内劳动实践项目、参加社会公益型活动等，让劳动精神富有感染力。针对大学生实习实训和就业指导，还可以向同学们介绍劳动法律法规、劳动关系等相关内容，帮助学生树立正确的职业观，打造用心用情的劳动教育第一课堂。

2. 专业劳育：技能提升有深度

高校要把劳动教育融入专业课程的实习实训中，面对不同年级学生、不同课程设计出有专业特色的劳动实践项目，使学生在参与技能实训、生产实习、社会调查等活动中强化劳动责任，提升专业技能，培养职业素养和社会适应能力；还要利用各方优质资源，打造创新创业平台，为学生劳动实践提供支持，引导学生在平台活动中发挥自己的优势，增强劳动意识，进而提升职业技能。

3. 思政劳育：思政教育有效度

高校开展劳动教育首先要明确思政劳育的育人目标，有针对性地规划思政劳育的相关内容，将意识形态和价值引领潜移默化地融入劳动教育内容中。只有运用社会各行各业人们创造社会价值、服务人民的真实教学案例，高校才能加深学生对劳动精神的思考，注重培养工匠精神、敬业精神，坚持知行合一，有效发挥显性教育与隐性教育、德育与劳育的协同作用。

（二）着力打造协同联动的劳动教育格局

高校应当构建家校社“三位一体”的劳动教育格局，达到协同育人的效果，实现课内课外相衔接、线上线下相结合、校内校外齐教育的育人格局。

1. 课内课外相衔接

学生在课内学习相关的劳动知识，课外积极参与劳动实践活动，进而巩固和深化课堂知识；第一课堂和第二课堂精准对接，知行合一，促进学生丰富劳动知识、提升技能水平。

2. 线上线下相结合

在线上，打造高质量的慕课，引用中国传统文化，让学生体会中国劳动精神、工匠精神；同时，通过网络，学生可以细致了解到当代劳动精神和服务社会的现实案例，榜样现身说法，可以传递正能量，营造向上、向善、向美的网络劳动氛围。在线下，鼓励学生走出校门参加日常生活、社会生产等劳动实践，理论与实践密切结合，让学生尊重所学、检验所学，树立正确的劳动价值观，厚植劳动精神和工匠精神。

3. 校内校外齐教育

在校内，学校整合各方面资源对劳动教育内容进行研发、组织和实施，搭建校内劳动教育实践活动平台，开展兼顾共性和个性的劳动实践项目；在校外，学校借助政府、企业和家庭等多方力量为大学生劳动教育提供实践场地，强化劳动意识，鼓励学生用专业知识奉献社会，达到知行合一的目的，建立以学校为主导、家庭为基础、社会为支持的协同育人格局。

（三）充分建立科学的劳动教育评价体系

高校必须建立科学的劳动教育评价体系，充分利用评价的导向作用，增强劳动教育的实效性。

1. 自评和他评相结合

学校应坚持多元的评价原则对学生劳动教育进行评价。首先是督促学生针对劳动教育过程进行自我评价，还要撰写劳动教育心得体会，加深学生对劳动的体悟；同时，通过小组讨论、成果汇报等多种形式，劳动小组成员之间进行互评，劳动课教师综合考查学生对劳动教育知识和技能的掌握程度。采用综合评价的方式，学生能够端正对劳动教育的态度，培养知行合一的责任担当。

2. 定性与定量评价相结合

学校制订详细的定量考核评价表，根据学生参加劳动教育的课时数、学生对劳动知识和技能的掌握程度、学生撰写总结或成果展示等方面，采用观察、访谈和问卷调查等传统方法收集学生在劳动教育过程中的详细材料，以便对学生劳动教育的成效做出定量评价；同时结合学生自评、劳动小组成员互评、劳动课教师评价等多方面对学生在劳动课程中的表现进行定性判断。定性与定量考核配合使用，详细且易于控制，有助于形成更为客观的劳动教育评价结果。

劳动教育是培养时代新人的必然选择，是提升高校人才培养质量的必然要求，是推动学生全面发展的本质要求，高校应坚持立德树人，把劳动教育纳入人才培养全过程，促使大学生掌握劳动知识和提升劳动技能，提升整体素质与能力，用育人实效培养出德智体美劳全面发展的中国特色社会主义合格建设者和可靠接班人。

第三节　劳动教育融入大学体育和专业技能教育

2020 年新年伊始，新冠肺炎疫情的传播引起了无数个家庭对体育锻炼、强身健体的重视，更多家长和学生意识到要加强锻炼，提高自身免疫力。疫情期间，大学生居家隔离不能返校，特殊背景下，体育课程的高效开展对于当代大学生的影响尤为重要。体育课以何种形式开展，既能锻炼身体、增强免疫力，又能结合学生居家的实际情况通过居家劳动、创造性锻炼等不同方式提升学生的劳动技能，引导学生尊重劳动、以劳育体和增强体质，达到健全人格的目的便成为一项值得探究的教学重点。

一、劳动教育融入大学体育

（一）高校推动“体育 + 劳动教育”有机结合

构建大学生“体育 + 劳育”的锻炼新形式，需要高校加强顶层设计，开展多样化的劳动实线，真正把劳动教育融入体育锻炼、身体素质测评体系、专业教育、实践实习、创新创业等教学环节，与现有人才培养体系真正结合为一个有机整体。

（二）结合生活实际，全面统筹教育新模式

新时代大学生教育面向的是“00 后”一代，他们是伴随着高科技、信息化的时代成长的。过往的劳动方式、体育运动方式发生了新的变化，但体育精神和劳动精神仍然是培养大学生的重要基础。结合大学生的心理特点，高校在体育与劳育相结合的新形式上，需要多下功夫，让“00 后”的大学生能意识到，多样化的劳动教育，在体育活动的实践中可以得到很好的体现和深化。

（三）培养大学生的终身体育观念，综合提升素质教育

体育与劳育皆是素质教育的重要组成部分，“体育＋劳育”的新模式是将两种教育方式有机结合起来，大学生应结合自身实际、所学专业特色，在日常居家锻炼中融入专业技能知识。高校也可组织相应的活动，教学相关内容，设置鼓励机制，引导大学生参与体育劳动，在体育劳动中磨砺意志、增强毅力，培养自理、自立、自强的独立精神，促进大学生养成终身体育锻炼的习惯和实现对体育、劳育等素质教育的再升华。

二、劳动教育融入专业技能教育

（一）劳动教育融入高校专业技能教育的基础

高校专业技能教育是为经济社会发展培养高素质劳动者和技术技能型人才的重要方式，与劳动教育所倡导的育人体系在目标、内容、方式等方面具有天然的内在契合性。

1. 目标一致，都是引导大学生树立正确的职业价值观

新时代将劳动教育融入高校专业技能教育，除了让学生掌握扎实的专业技术和熟练的操作能力外，更要让学生领悟人生理想和目标要靠辛勤劳动、诚实劳动、创造性劳动来实现。高校专业技能教育培养的是具有“工匠精神”的高素质劳动者和技术技能型人才。“工匠精神”不仅表现为精益求精、敬业奉献，还包括与时俱进、勇于创新。因此，从最终目标上来看，两者都是要培养学生爱岗敬业、乐于奉献、勇于创新的优良品质，使学生通过辛勤劳动和艰苦奋斗，实现自身的全面发展，成为能够担当民族复兴大任的高素质劳动者。

2. 内容一致，都是教导大学生学以致用、知行合一

作为新时代劳动教育的主要内容之一，服务型劳动教育就是让学生运用课堂上所学的专业知识和专业技能服务他人和社会，如参与社会实践、志愿服务、公益劳动等。而高校专业技能教育主要是帮助学生习得专业领域的知识和技能，输送区域发展急需的高素质技术技能型人才。因此从内容上来看，劳动教育和专业技能教育都强调学以致用、知行合一，都教导大学生用所学的专业知识和技能服务社会的发展，以主人翁的精神投身实现中华民族伟大复兴的征程中，在服务社会中实现职业理想和人生梦想。

3. 路径一致，都是倡导大学生勤于实践锻炼

“纸上得来终觉浅，绝知此事要躬行。”劳动教育要落地见效，必须要组

织学生实实在在地劳动，切不可在课堂上听劳动，在书本中学劳动，在视频里看劳动。对于新时代的大学生来说，劳动不仅要有出力出汗的体力劳动，也要有偏重脑力的创新性劳动和创造性劳动。产教融合、工学结合是高校专业技能教育的基本模式，而其中最基本的教学组织形式就是实践教学，通过实训、顶岗实习、社会实践、志愿服务等多种实践形式检验学生所学的知识和技能，使其在亲身参与中锤炼专业技能，培养良好的职业素养。因此，从教育方式上来说，两者都应不断强化实践锻炼，倡导大学生积极投身社会实践，将学校所学的专业知识、技能转化为于企业、社会、国家有用的实际本领。

（二）劳动教育融入高校专业技能教育的时代诉求

1. 劳动教育是实现高校人才培养目标的关键

高校教育培养的是服务区域发展一线的具有高素质、高技能的人才。无论是高尚的道德素质，还是精湛的专业技能，都要通过亲身实践、辛勤劳动获得。“功崇唯志，业广唯勤。”习近平总书记在多种场合对青年寄语：“幸福都是奋斗出来的。”“世界上没有坐享其成的好事，要幸福就要奋斗。”这是习近平总书记在实现中华民族伟大复兴的征程中对青年大学生发出的奋斗召唤。青春的梦想要靠勤奋劳动、诚实劳动去实现，社会的进步、国家的发展要靠创造性劳动来助力。劳动教育是实现高校人才培养目标的关键环节，更是社会主义国家先进性的集中体现。

2. 劳动教育是高校培养大国工匠的应有之义

当前，我国经济发展已经从粗放式增长转向高质量高水平发展，匠心之作才能对接高质量、高水平发展的经济态势，才能满足人们对美好生活的期待。匠心之作源于大国工匠、能工巧匠。高校教育要提质培优、以质图强，必须把培养具有“工匠精神”的高素质技术人才作为人才培养目标。“工匠精神”的塑造不单单是从书本里学出来、从课堂中听出来的，更重要的是通过亲身实践去锤炼技艺，磨炼意志。打造特色劳动教育体系，培养工匠人才，是高校教育内涵式发展的应有之义。

3. 劳动教育是高校培养创新型人才的必由之路

“人民创造历史，劳动开创未来。劳动是推动人类社会进步的根本力量。”古有鲁班，专攻生产和生活上的创造发明，制作了曲尺、墨斗、刨子等各种劳动工具，造福劳动人民；又有隋代的著名桥梁专家李春，建造了举世闻名的赵州桥，为中国桥梁技术的发展做出了巨大贡献。今有“玉兔号”月球车、“蛟龙号”载人潜水器、“天眼”等，这些大国重器背后的大国工匠，是促进科技发展、社会进步的重要推动力。“空谈误国、实干兴邦”强调的就是要脚踏实地地劳动。只有通过不断的劳动实践，才会激发学生对劳动工具、劳动方式、劳动空间的优化与创新，从而在潜移默化中培养学生的专业创新意识和创新能力。

（三）劳动教育融入高校专业技能教育的措施

1. 融入课程建设，筑牢学生新时代劳动价值观

劳动教育融入高校专业技能教育，关键要找准切入点。如果说教师是教育实施的主体，那么课程既是教育思想、教育目标和教育内容得以实现的有效载体，也是教育教学活动的遵循基本。劳动教育要融入专业技能教育，首先要实现的是劳动教育的课程化。

（1）整体优化课程设置

高校应根据不同学段的学生特点，分层次开设劳动教育必修课和模块选修课。如大一阶段重点突出劳动价值观的培育，大二阶段着重提升学生的专业劳动技能。高校可以在大二阶段设置劳动实践课，时间为一周，赋予一定的课程学分。劳动实践周期间，重在专业实训、实践，不安排文化课。劳动课的成绩计入期末总评成绩。大三阶段通过毕业设计和调研、顶岗实习，学生在诚实劳动的基础上进行创造性劳动，着力培养崇高的职业劳动素养。

（2）创新专业课程标准

在制定专业课程标准时，高校应充分挖掘专业课程中蕴含的劳动教育资源，坚持显性教育和隐性教育相统一。高校在设计课程教学目标时，知识目标层面要体现对专业劳动知识、劳动概念的初步理解；能力目标层面要强调与专业相对应的劳动技能的掌握；素质目标层面要注重培育学生崇高的劳动素养，强化劳动精神、劳模精神和“工匠精神”，以此构建具有专业课程特色的劳育价值体系。

2. 融入专业实践，夯实学生的专业基础

随着“互联网 +”、人工智能的发展，产业结构发生了重大变革，伴随着一些新经济形态的出现，专业技能实践的内容和形式也随之发生了很大变化，从而赋予劳动实践新的内涵。因此，高校需要不断开拓专业劳动实践育人平台，催生专业劳动实践新形态。

（1）整合多方资源，建设校外劳动实践基地

高校应加强与地方政府、社区、企业的深度合作，不断整合农场、社区街道、企业等社会资源，建设大学生校外劳动实践基地，让学生走进社区、走进工厂、走进社会，了解民情国情，了解专业领域最新的市场动态，在亲身实践中树立家国情怀。

（2）挖掘校内优势，设立学生劳动岗位

高校应增加校内勤工助学岗位，在教师工作室、校园绿化管理和公共区域、图书馆、教室等地点设立学生勤工助学岗位；另外，还可结合专业特色开辟专门的学生劳作园，农林专业可开辟农作物种植示范园，纺织专业可开辟纤维作物（棉花、麻类、蚕桑）种植园等。

（3）升级赋能，完善校内专业实训场地

在科技革命和产业革命的驱动下，产业新形态、劳动新形态出现，催生了“互联网 +”“智能 +”等教育新形态的产生。为适应教育教学的改革创新，传统的专业实训场地要在信息媒体技术、仿真模拟等方面升级改造，满足学生对专业实操、服务体验、创新实验的专业服务性劳动的实践需求，为学生的专业发展赋能。如随着网络直播营销模式的兴起，高校电子商务、市场营销等专业可投入建设网络直播室，为学生实战操练提供便利。

3. 融入师资培育，打牢学生劳动成才的基石

教师是教育活动的直接实施者，人才培养的关键在教师。劳动教育要有效融入专业教育的各个环节，建设一支劳动素质有保证、教学方法有高度、劳动技能有水平的师资队伍是关键。

（1）扩大“双师型”专业教师队伍

“双师型”专业教师一方面要具备传授学生专业理论知识和技能的教学素养，另一方面要熟练掌握当前应用企业生产一线的专业技术。专业教师要亲身参与劳动实践，通过定期到企业兼职、挂职、研修访学，掌握最新的生产工艺技术，根据企业调研、行业分析，及时调整教学目标，完善教学内容，不断提升理论和实践教学的资质，尤其是对学生专业实践活动的指导水平。

（2）凝聚社会型劳动师资队伍

高校可设立劳模工作室、技能大师工作室等，从企业中聘请劳动模范、技术能手、大国工匠、道德楷模等担任兼职劳动教师，亲身示范讲授锤炼技艺的经历。通常教师个人的亲身经历最容易与学生产生情感上的联系和思想上的共鸣。教师用自己的故事、经验、阅历、情怀传达劳动的深切寓意，会让学生树

立正确的劳动价值观，养成勤奋、诚实、有创造力的劳动态度，厚植劳动至上、工匠光荣的信念追求。

第四节　劳动教育与创新创业教育和德育的融合

一、劳动教育与创新创业教育的融合

（一）高校劳动教育与创新创业教育融合的可行性

1. 高校劳动教育与创新创业教育深度融合的迫切性

高校劳动教育与创新创业教育相融体现了时代特征，有利于培育社会发展所需的创造性劳动者。2020 年 3 月《中共中央、国务院关于全面加强新时代大中小学劳动教育的意见》在劳动教育内容中要求高校劳动教育需围绕创新创业，使学生提升就业创业能力，树立正确的择业观。可见高校劳动教育与创新创业教育深度融合是符合新时代社会发展要求的有益举措，也是培养学生创造性劳动能力与素质的有效方法。

劳动教育需与创新创业教育深度融合以克服社会劳动异化倾向。我国经济社会飞速发展的同时滋生了享乐主义、虚无主义、劳动无用论，部分群体认为劳动即谋生手段，成为“异化劳动”的受害者。根据马克思劳动异化理论，此群体表现为“在自己的劳动中不是肯定自己，而是否定自己，不是感到幸福，而是感到不幸”。劳动教育与创新创业教育深度融合可激发学生创造性劳动的意愿，创新创业活动本身脱离传统意义上的劳动框架，具有极强的趣味性、开创性，创新创业教育帮助学生树立正确的择业观与就业观，克服“劳动谋生”的排斥感与恐惧感，将“为生活而劳动”转化成“为劳动而生活”。

创新创业教育也需与劳动教育深度融合以夯实创新创业行动的基础。熊彼特曾言：“创新就是生产要素重组”，而劳动是创造生产要素的唯一途径，不经历劳动过程难以得到生产要素，创新创业就会变成“无根之树”“无源之水”。

2. 高校劳动教育与创新创业教育融合的客观性

无论是单独的劳动教育，还是创新创业教育，国内高校均有探索与实践经验，为劳动教育与创新创业教育深度融合提供了客观条件。马克思认识论认为：一个完整的认识过程是由实践到认识再到实践的过程，基于高校已有劳动教育、创新创业教育理论与实践基础，可推论出应加快高校劳动教育与创新创业教育深度融合的判断，得出“劳创融合”新模式产生的客观需求，大体分为三方面。

其一，劳动教育与创新创业教育深度融合具有互补的教育目标。创新创业教育需要培育有社会担当的企业家而非完全重利的商人，劳动教育明确要求时代新人需有“创造性劳动”能力，认同劳动“光荣与伟大”的价值意蕴，此正是企业家需具备的素质。二者相融形成育人新目标，即培养新时代具有劳动精神、首创精神、服务意识的新型企业家。

其二，劳动教育与创新创业教育深度融合具有重合的依托载体。高校实践育人创新创业基地建设为“劳创融合”新型育人模式提供载体，通过同一实践育人基地平台可搭建劳动教育与创新创业教育双方沟通、交流、互惠共生的桥梁，依托于桥梁和载体在人才培养、项目合作、成果转化等领域开展系统化深度合作，实现高校、政府、企业在人才培养、人才选拔等多方面的目标。

其三，劳动教育与创新创业教育深度融合具有共同实施主体。无论是劳动教育还是创新创业教育，均需社会、家庭、高校同步配合，需进一步建立政府、企业、社会等外部主体监管与高校内部相关部门主体监管相结合的多元主体监管机制。

3. 高校劳动教育与创新创业教育融合的社会性

社会性是指高校育人过程中培育对象产生的有利于集体和社会发展的特性。从长远角度而言，高校劳动教育与创新创业教育深度融合具有社会服务价值、社会集体观念与社会经济效益。

其一，劳动教育与创新创业教育深度融合有利于为基层输送人才。当今劳动力市场具有人才流动“单向”积弊，大学毕业生就业脱离基层导致创新创业事业发展困难。劳动不单指体力劳动，还包括脑力劳动，而创新创业是将劳动内化于心、外化于行的途径，“劳创融合”育人模式是破解人才市场困境的有效方法。

其二，劳动教育与创新创业教育深度融合有利于促进乡村振兴和精准扶贫。乡村振兴和精准扶贫需要劳动实践支撑与创新创业加持，二者内在需求关键点均在于人才。劳动教育与创新创业教育融合有利于培养愿意扎根乡村、振兴乡村的新型人才，有利于催生创业扶贫项目，满足贫困户的脱贫发展需求，进一步推进乡村振兴及精准扶贫。

其三，劳动教育与创新创业教育深度融合有利于服务区域发展。服务区域发展是高校办学的重要理念，劳创协同育人有利于打造具有区域特色、社会经济价值的创新品牌项目。

（二）高校劳动教育与创新创业教育融合的措施

劳动精神是指劳动者对劳动的热爱态度以及在劳动过程中展现的积极人格气质与创造性。“劳创融合”育人模式旨在培育青年劳动者的劳动精神，使其在劳动过程中形成劳动创造的积极态度、开拓创新的精神品格。打造“劳创融合”新型育人模式可弘扬劳动精神、激发首创精神、增强服务意识。

1. 弘扬劳动精神，打造“劳创融合”新型育人模式

弘扬劳动精神，是新时代劳动观的必然要求，也是高校学子争做时代新人的必然选择。

（1）以第一课堂为基础，完善“劳创融合”课程体系

针对大学生创新创业需求，高校应以第一课堂为基础分门别类开设课程。除面对全部学生开设劳动思想理论必修课、创新创业知识必修课之外，对无创业意愿、创业意愿不强的学生可通过开设相关通识选修课、马克思劳动观思想教育课、创新创业体验课、职业生涯管理等课程向其普及劳动理论、提高其劳动素质，激发学生的创新创业热情与劳动意愿，以更好地服务就业择业。针对创业意愿强的学生，应增设创新创业课程群，分为社会实践类、志愿服务类、劳动技能类等选修课程供学生学习，依托劳动育人基地、创新创业实践育人基地为学生提供学习交流平台。

（2）以第二课堂为关键，完善“劳创融合”活动体系

第二课堂是促进劳创融合的主要平台。高校应将学生“劳创融合”相关活动参与数量、质量纳入第二课堂考核项目中，通过固定学生必须参与的活动，如“劳动周”“创新创业体验周”等促进学生习惯“劳创融合”模式，从“劳创融合”中寻找乐趣。

（3）以督导机制为保障，完善“劳创融合”评价体系

建立完善的督导、评价机制是树立实践育人导向的关键举措。传统实践育人督导评价机制多以“规定”“管理条例”形式为主，评价具体要求较模糊，高校在开展实践育人活动时难免受制约，缺少活力与动力。高校打造“劳创融合”新型实践育人机制，首先应明确要求，本科阶段课程不少于32学时；其次建立劳动教育教师培训制度，解决师资力量不够、不专、不精的问题，聘请在创新创业领域有突出贡献的行业专业人士或劳动模范担任创新创业、劳动实践指导教师，强化教师劳动教育的自觉性，奖励培训成绩优异的讲师；最后建立劳创素养评价机制，定期考核，同时全面客观记录学生课内外劳动过程和结果，做好评价记录，形成质量考核标准，作为升学、转专业、评奖评优的参考。

2. 激发首创精神，打造“劳创融合”新型育人模式

首创精神是创新意识更高层次的表达方式，打造“劳创融合”新型育人模式需激发首创精神。

（1）将“劳创融合”作为推进“五育并举”的重要举措

产业创新创业大赛，为体育事业注入了创造活力；将劳动教育融入美育之中，通过各种有益的“劳美相融”活动，学生可以认知美感、创造美感，美化劳动主体、环境、工具、过程、产品。

（2）将劳动教育载体与创新创业教育载体有机统一

高校应采取“化零为整”的理念，将分散的劳动教育资源融入实践育人体系，最大限度地激发学生的首创精神。高校可以实践育人创新创业基地为场所载体，为劳动教育提供场所保障；以多种多样劳动实践活动、创新创业活动为活动载体，增加劳动选择的多样性；立足于场所载体与活动载体，加强学校教育活动设施标准化建设，建立器材、耗材补充机制，完善安全保障机制，充分利用创新创业资源开展劳动实践。

（3）将开放共享理念纳入高校新型人才培养体系

开放共享是我国五大发展理念之一。高校应以开放共享为办学理念，将大学生劳动者作为培养主体，让学生在共享中增加创新动力。新型人才培养体系应注重“五育并举”，以劳动教育为实践基石，以创新创业教育为延伸，实现劳动教育成果与创新创业教育成果共享、资源共享、人才共享。促进成果共享需发挥首创精神，创新成果形式，将劳动技术与创新创业融进科研成果、实践项目成果，搭建共享平台，向社会推广“劳创融合”育人模式的有益经验，实现良性协同发展；通过校企资源沟通、校校资源沟通、跨地域资源沟通、政府资源调配等形式可促进资源共享；促进人才共享则需凝聚劳动型、创造型人才，打造“师生共创”模式，推进人才培训与人才推荐机制建立。

3. 培育服务意识，打造“劳创融合”新型育人模式

指导学生服务社会并投身于社会建设，是所有教育手段的最终目的。

（1）项目驱动，彰显育人特色

一要健全“社、校、家”三位一体的项目保障机制，社会为项目提供平台或资源支撑，家长需树立正确的劳动观念与大局意识，摒弃功利主义思想，支持配合学校探索“劳创融合”项目，形成三方互相支持的引导育人格局；二要支持“劳创融合”项目研究，尤其支持具有专业特色、地域特色、学校文化特色的新项目；三要坚持“基础项目 + 提升项目 + 拔尖项目”的层级化项目建设

思路并鼓励学生服务社会项目建设，推进社会实践等基础项目全面化，创新创业社团、劳动训练活动等提升项目精品化。

（2）竞赛引导，提升育人质量

高校应创新竞赛形式，形成闭环式竞赛体系，实现知识到技能的转化、校内实训到创业实战的过渡，达到通过赛事比拼提升服务的目的；组织开展精品社会实践、志愿服务、创新创业、劳动实践比赛等活动，以高质量项目培养高质量人才。

（3）产教融合，强化育人体验

产教融合将“教育链”与“产业链”衔接，有效缓解了高校人才培养供给侧与产业结构需求侧的矛盾。学生深入企业与社会服务岗位，有助于其增加感情认同。通过建立校企协同共建育人基地、打造校企合作产教融合项目、企业导师进课堂等方式开展协同育人，可解决学生实习实践场地不足、实践指导不到位、理论与实践脱节等问题，为企业提前吸引优秀毕业生入职做好准备。

二、劳动教育与德育的融合

当前，德育和劳动教育是新时代党和国家的重要教育方针，是高校培养德智体美劳全面发展的高水平技术技能人才的重要内容。尽管目前德育和劳动教育的联动耦合路径处于发展阶段，诸多文件和措施都在陆续出台，但二者的协同创新还有提升空间，也具有积极意义。

（一）劳动教育与德育融合要解决的主要问题

劳动教育和德育的联动耦合机制旨在加强高校劳动教育的针对性、必要性，以国内高校加强劳动教育的经验为参考，以深入广泛的调研、访谈为依据，综合国内外高校劳动教育理论和实践的研究成果，探究分析新时代大学生劳动教育的理论和实践。

1. 解决国内劳动教育理论不系统的问题

目前，国内高校劳动教育研究尚处于起步阶段，理论不系统。我们要从理论和实践角度进行探索和应用，丰富国内劳动教育的内容和体系，推出更多更好的劳动教育理论和实践创新成果，大力弘扬劳模精神、劳动精神、工匠精神。

2. 解决劳动教育融入校园文化不充分的问题

校园文化是劳动教育的重要载体，目前高校校园文化建设仍存在劳动教育缺失的问题，客观上制约了劳动教育的深入开展。对劳动教育融入校园文化的路径进行有效探究，可以切实提升劳动教育的实际效能，加强劳动教育在校园内的建设。

3. 解决劳动教育与课程体系不完善的问题

学校劳动教育具有系统性优势，将劳动教育和德育全面融合，对全方位开展新时代大学生劳动教育具有重要作用。高校应注重劳动教育的系统化提炼，课程实施采取“必修课与选修课相结合”“长课与短课相结合”“分散节点式与集中探究式相结合”“实践课与理论课相结合”的方式，推动劳动教育的开展。

（二）劳动教育与德育融合的方法

劳动教育与德育融合不应局限于课堂内、校园内，而是要延伸到课堂外、校园外，准确把握高校劳动教育的探索本质，加深高校劳动教育的理论研究。具体如：将劳动教育融入校园文化和企业文化中，探索高校劳动教育的新路径；将劳动教育融入学科建设和课程设置中，引导大学生树立正确的劳动价值观；将劳动教育融入志愿者活动等社会实践中，培养学生正确的社会责任观；将劳动教育融入家庭、社会、学校教育中，构建“三位一体”的协同育人机制。

1. 学生被动教育到主动学习模式探讨，以知促行

高校应以学生的成长过程为主线，从学生自身的视角出发，完善育人体系，充分考虑学生的学习生活环境，调查学生自身的心理需求，把握学生的兴趣点，多维度激发学生主动进行自我教育，如将劳动教育标准融入评奖、评优、评分体系，作为入党入团的硬性指标，从学生的兴趣点激发学生自我教育的意识；通过学生行为规范的学习，认真落实行为准则，培养一批以身作则的行为榜样，带动学生的思想教育；创新育人方式，以学生喜闻乐见的方式进行劳动教育，如“直播、抖音”等创新形式，积极使用幽默的语言吸引学生的注意力，提升育人效果；全面发挥学生团体组织的育人作用，积极组织开展各类教育活动，形成自育机制。

2. 开展“隐性教育”，形成“以劳化人”校园成长生态

高校应创建劳动教育与优秀传统文化、革命文化、社会主义先进文化相结合的校园育人环境，让校园环境能“说话”，可以“动”起来、“活”起来；让实践活动、传统文化节日、校史馆、校训、校歌等形成润物无声的提升学生涵养的文化土壤；让学生可以了解祖国悠久的历史文化，知晓舍生取义的红色文化，践行社会主义核心价值观，培养其成为社会主义合格建设者和可靠接班

人；让学生切身感受到生长在中华民族这个大家庭的骄傲和自豪，在接地气的环境氛围里，让育人的气候“火”起来；从社会主义核心价值观教育方面，培育、选树和宣传一批在学习励志、实践奉献、参军报国、诚信友善、创新创业、志愿服务等方面践行社会主义核心价值观的先进典型，营造积极向上的“校风、学风”。

在社会主义先进文化教育方面，高校应寻找劳动教育与思想政治教育的契合点，挖掘革命文化的育人内涵，充分利用国家重大纪念日和重点文化基础设施开展社会主义先进文化和劳动教育。在校园文化建设方面，高校应挖掘校史校风校训校歌的教育作用，建设特色校园文化；支持师生以原创话剧的形式说好身边的故事，丰富劳动教育的内涵；积极开展各项主题活动，积极进行文明校园创建，打造建设社会主义精神文明的高地；深挖古今中华名人故事，洞察社会现象，紧贴时政，如凝练抗击新冠疫情中出现的最美“逆行者”的感人事迹，整理成“鸡汤”案例推广给学生，提升学生的思想水平。

3. 充分利用信息化手段进行劳动教育，让学生真正爱上劳动

高校应建立学生信息管理系统，简化日常学生管理工作，使学生管理工作程序化、透明化、可视化。构建一个科学、高效的信息管理系统，可使辅导员有更多的精力与学生谈心谈话。该管理系统的电子点名功能，可使教师点名电子化，并实时显示学生的出勤率、迟到率、学习态度等方面的指标，每学期教师对每个学生进行评价，定期将学生的表现发送给学生家长，实现家校联动育人机制。

此外，高校可将劳动教育加入学生的互动环节，比如设立“劳动教育”公众号，分享成功教学视频，并通过该平台展示学生在成长中拼搏进取的事迹，传播社会正能量；激励学生对此平台进行自主运行、日常维护，以此提高学生的管理、运营和创新能力，提高其政治素养，增强其责任意识。

参考文献

[1] 中共中央马克思恩格斯列宁斯大林作编译局. 马克思恩格斯全集：第32卷 [M]. 北京：人民出版社，1998.

[2] 刘向兵，李珂，彭维峰. 深刻理解新时代加强劳动教育的重大意义与现实针对性 [J]. 中国高等教育，2018（21）：4-6.

[3] 李珂. 习近平新时代中国特色社会主义劳动思想探析 [J]. 思想教育研究，2018（1）：12-16.

[4] 檀传宝. 劳动教育的本质在于培养劳动价值观 [J]. 人民教育，2017（9）：45-48.

[5] 曲霞，刘向兵. 新时代高校劳动教育的内涵辨析与体系建构 [J]. 中国高教研究，2019（2）：73-77.

[6] 檀传宝. 劳动教育的概念理解：如何认识劳动教育概念的基本内涵与基本特征 [J]. 中国教育学刊，2019（2）：82-84.

[7] 曲政. 新形势下劳动教育策略研究 [J]. 兰州教育学院学报，2019（5）：134-136.

[8] 张庆亮. 新时代大学生劳动教育的实施路径 [J]. 高校辅导员学刊，2019（6）：35-40.

[9] 林克松，熊晴. 走向跨界融合：新时代劳动教育课程建设的价值、认识与实践 [J]. 湖南师范大学教育科学学报，2020（2）：57-63.

[10] 刘丽红，曲霞. 论高校创新创业教育与劳动教育的同构共生 [J]. 中国青年社会科学，2020（1）：103-109.

[11] 陈理宣，刘炎欣. 劳动教育与德智体美教育的基础关联和价值彰显 [J]. 中国教育学刊，2017（11）：65-68.

[12] 全晓洁，邱德峰. 新时代劳动教育与“双创”教育融合的逻辑理路与实践路径 [J]. 黑龙江高教研究，2020（12）：28-32.

[13] 郭婧，赵健杰. 将马克思主义劳动美学融入高校劳动教育 [J]. 中国高等教育，2020（17）：21-23.

[14] 宋文兴，张俊国. 新时代大学生劳动观念的培育路径研究 [J]. 吉林工程技术师范学院学报，2020（1）：55-57.

[15] 闫伟. 新时代大学生劳动教育模式探索与创新 [J]. 菏泽学院学报，2020（1）：1-6.

[16] 吴沛东. 当代大学生劳模精神认知状况分析与培育路径 [J]. 思想理论教育，2018（11）：102-106.

[17] 刘向兵. 新时代高校劳动教育的新内涵与新要求：基于习近平关于劳动的重要论述的探析 [J]. 中国高教研究，2018（11）：17-21.

[18] 张燕平，朱志明. 大学生劳动精神培育探究 [J]. 闽南师范大学学报（哲学社会科学版），2019（1）：134-137.

[19] 王吉吉. 苏霍姆林斯基劳动教育对个性全面和谐发展的作用研究 [D]. 哈尔滨：哈尔滨师范大学，2017.

[20] 李小苹. 当前我国高校劳动教育问题研究 [D]. 长春：东北师范大学，2010.